Psicologia del Tradimento

ETEROSESSUALE E OMOSESSUALE

Conoscerlo,
Prevenirlo,
Superarlo

Marco Giacobbi e Maurizio Iengo

Copyright © 2023 Marco Giacobbi, Maurizio Iengo.

Tutti i diritti riservati.

Indice

Nota introduttiva	**9**
Capitolo Primo Cos'è il tradimento?	**15**
1.1. Che cos'è il tradimento?	17
1.2. Dialogo e conflitto	27
1.3 Cause del tradimento	32
1.4 L'occasione	42
1.5 Si può ricostruire la fiducia? Sei premesse	45
1.6 Il tradimento nelle relazioni omosessuali	50
Capitolo Secondo La coppia tradita	**63**
2.1 Le fasi del tradimento	65
2.2 La coppia tradita: cosa succede dopo il tradimento?	71
2.3 Il partner traditore	80
2.4 Cosa bisogna fare dopo un tradimento?	86
2.5 Ancora dalla parte del traditore	92
2.6 Dalla parte del tradito	106
2.7 Cosa deve fare il tradito	114
2.8 Perdonare	131
2.9 Finale di partita	136

Capitolo Terzo Finale di partita   **139**

3.1 Ricostruire la coppia dalle macerie   141

3.2 Esercizi di coppia   153

3.3 Elaborare il trauma   165

3.4 I pensieri ossessivi   177

3.5 Verso l'epilogo.   185

Conclusione   **187**

Bibliografia   **193**

Nota introduttiva

di Marco Giacobbi

La scoperta di un tradimento è un'esperienza dolorosa e difficile da affrontare. Un'esperienza che spesso mi piace paragonare ad una scossa elettrica: arriva all'improvviso e sconvolge totalmente le nostre vite.

Insieme allo shock, dopo la scoperta di un tradimento, arriva il dolore. Si tratta di un dolore acuto e sordo, che ci fa mettere in dubbio le nostre certezze e le nostre abitudini.

Da un lato, c'è il dolore del partner tradito: partner che si sente abbandonato proprio dalla persona che amava.

Dall'altro lato, c'è il dolore del partner traditore, che vive un enorme carico di vergogna e senso di colpa.

Subito dopo il dolore, arriva anche altro. La sensazione che la relazione sia giunta al termine. Che non possa più essere aggiustata e rimessa in piedi. Che la vita sia destinata a cambiare per sempre.

Tutte queste reazioni sono naturali. Sono reazioni che riguardano la maggior parte delle persone che subiscono o che compiono un tradimento.

Stando alla mia esperienza clinica, la maggior parte delle coppie che vive un tradimento ha ancora il desiderio di stare insieme. Tuttavia, è anche tormentata dal dubbio che ciò possa non essere più possibile.

"Dopo il tradimento, è possibile sistemare e rimettere in piedi una relazione?".

La risposta a questa domanda è allo stesso tempo semplice e variegata.

Da un lato, potrebbe essere un "no: non è possibile rimettere insieme la vecchia relazione che è terminata con il tradimento".

Dall'altro lato, la risposta è "sì: è possibile costruire con il proprio partner una nuova relazione, fondata su presupposti più sani e su una più profonda capacità di comunicare".

Per farlo, bisogna seguire un percorso che passa per diverse tappe: la ricostruzione della fiducia, la comprensione di cosa sia accaduto, il perdono e una nuova progettualità di coppia. Un aspetto che esploreremo a fondo in questo libro è quello delle motivazioni. Un confronto su queste, sarà essenziale per creare una nuova coppia a prova di tradimento. Ad esempio, anticipando alcuni contenuti del libro, se i conflitti all'interno del rapporto sono irrisolti, potrebbero aumentare le probabilità che prima o poi si giunga alla trasgressione.

Se, al contrario, in un rapporto esiste la capacità di risolvere problemi e conflitti, è molto più probabile che il tradimento non venga mai perpetrato.

Naturalmente, ricostruire una relazione diversa non è impresa facile. Come dicevo, si tratta anzitutto:

- Di recuperare la fiducia perduta, a partire da alcuni esercizi da svolgere singolarmente oppure in coppia.
- Di esplorare le motivazioni del tradimento.
- Di mettere in atto soluzioni funzionali, che possano aiutare i partner a gestire il dolore e a costruire una nuova vita insieme.
- Di comprendere quali siano i comportamenti nocivi da non tenere in seguito a un tradimento.

A prima vista, questi passi potrebbero sembrare impossibili. Posso assicurarti che non è così: la maggior parte delle coppie che vive l'esperienza del tradimento, se reagisce nel modo corretto, è in grado di uscirne fortificata e di costruire una relazione più soddisfacente e felice di prima.

11

Questo è ad esempio il caso di Lorenzo e Sara (nomi cambiati per proteggere la privacy), pazienti con cui ho lavorato online poco meno di un anno fa.

All'inizio, la loro situazione sembrava giunta ad un punto limite: dopo il tradimento, i litigi erano all'ordine del giorno. Lorenzo, che aveva subito il tradimento, continuava ad avere flashback dell'accaduto, non riusciva a dormire ed era tormentato da pensieri ossessivi.

Da parte sua, Sara provava vergogna, dolore e senso di colpa: aveva il timore di perdere la sua famiglia, la sua vita e le sue abitudini. Di più: non poteva parlare con nessuno di quanto era accaduto, dato che tutti erano pronti a puntarle il dito contro.

Dopo mesi di lavoro, i due pazienti sono riusciti a superare l'esperienza traumatica del tradimento e a ricominciare una nuova relazione. Bada bene: superare il tradimento non significa lasciarselo alle spalle e far finta di niente, ma vuol dire focalizzarsi sul futuro invece che sul passato. Significa imparare a dialogare con il proprio partner anche attraverso esercizi pratici che spiegherò più avanti in questo volume.

Vedremo insieme:

- Cos'è e come avviene il tradimento.
- Quali sono le sfide uniche che le coppie gay e lesbiche si trovano ad affrontare in seguito a un tradimento.

- Quali siano le reazioni più comuni al tradimento.
- Cosa debba fare il partner traditore per recuperare la fiducia.
- Cosa debba fare il partner tradito per superare il trauma.
- Come sia possibile ricostruire una relazione più solida e soddisfacente.

Ti ricordo che un manuale può sicuramente aiutare a migliorare la tua relazione, ma che non può comunque sostituire un percorso fatto con uno Psicologo.

Capitolo Primo
Cos'è il tradimento?

Sommario del capitolo: Che cos'è il tradimento. Come avvengono i tradimenti. La cascata Gottman-Rusbult-Glass. Dialogo e conflitto. La visione in bianco e nero. Cause del tradimento. Prevenire il tradimento. Si può ricostruire la fiducia? Sei premesse.

1.1. Che cos'è il tradimento?

Quando i miei pazienti arrivano in seduta, spesso la prima cosa che mi chiedono è questa: "Cosa faccio? Lascio o resto con la persona che mi ha tradito? Se torno con il mio partner potrò ancora fidarmi di lui?".

Prima di lavorare sulla ricostruzione della fiducia, sono solito lavorare sulla comprensione del fenomeno del tradimento, cioè sulle ragioni e sulle cause che possono spingere gli individui a compiere un simile gesto.

I toni dei pazienti, durante le prime sedute, sono spesso apocalittici: per loro, il tradimento ha in qualche modo segnato la fine del mondo. Non c'è niente di strano: sono stati traditi dalla persona con cui condividevano le loro giornate. Magari anche una casa, un conto in banca, un'auto, dei figli, una famiglia.

Difficile dare una definizione di tradimento. Per questo, almeno inizialmente, preferisco indicare la caratteristica onnipresente nei tradimenti: la segretezza. C'è sentore di tradimento ogni volta che un partner fa qualcosa che vorrebbe nascondere all'altro. Questo desiderio di celare, nascondere, omettere, sorge frequentemente quando si compie un gesto che appare in contrasto con le regole sottese alla relazione amorosa.

Se la regola è: non avere contatti sessuali con altre persone, il tradimento implicherà contatti di questo genere.

Se la regola è: non nascondermi niente, il tradimento potrà coincidere con un'infrazione di questa regola.

Probabilmente, un'infrazione del secondo genere non potrà essere considerata grave come un'infrazione del primo tipo: eppure, basterà a rompere la sensazione di fiducia che riponiamo nei confronti del partner.

Fatte queste considerazioni, mi sento ora di definire meglio, al di là della caratteristica dell'essere omesso o nascosto, l'atto del tradire:

Il tradimento in una relazione di coppia si verifica quando uno dei partner viola il patto di fiducia, rispetto e fedeltà stabilito (implicitamente o esplicitamente) all'interno della relazione.

Definire che cosa sia il tradimento è importante perché ci permette di esprimere una norma che sappiamo di dover rispettare. Spesso le coppie arrivano in studio senza nemmeno essere concordi su cosa sia il tradimento. Uno dei due considera tradimento un messaggino inviato verso un potenziale amante, l'altro considera tradimento un rapporto sessuale completo.

Quindi, come avvengono i tradimenti?

Negli ultimi anni, sono stati svariati gli studi che hanno tentato di fornire una risposta chiara e concisa a questa domanda. Tra tutti, mi rifarò inizialmente ad alcuni studi dei coniugi Gottman, psicologi americani esperti di relazioni di coppia.

1.1.1 Come avvengono i tradimenti?

Come avviene un tradimento? C'è una molla che scatta da un momento all'altro o ci sono ragioni profonde che vengono covate nel tempo?

"Insomma, questa cosa, com'è potuta accadere?".

Questo tipo di domande, molto comuni tra chi ha subito un tradimento, sottende lo stesso pensiero di base: che cosa è andato storto nella mia relazione per far sì che accadesse una cosa del genere?

Naturalmente, ogni relazione è diversa dalle altre. Di più: ogni individuo è diverso dagli altri, e per questo, i motivi che possono portare a fare esperienza di un tradimento sono altrettanto variegati e diversi tra loro ("Ogni famiglia felice è uguale", scriveva Tolstoj, "mentre ogni famiglia infelice è infelice a modo suo").

Eppure, dal punto di vista clinico, sembra possibile tracciare una sorta di schema di comportamento comune in gran parte delle coppie in cui è avvenuto un tradimento. Secondo i Gottman (Gottman, 2017), lo schema sarebbe grossomodo il seguente, e seguirebbe l'andamento verticale di una cascata:

1.1.2. La cascata Gottman-Rusbult-Glass

I Gottman, attingendo dalle ricerche di Rusbult e Glass, concettualizzano una serie di step che il potenziale traditore fa per arrivare a consumare il tradimento. Questa serie di passi è nota in psicologia come la cascata Gottman-Rusbult-Glass. La sequenza, con la spiegazione di ogni fase, è la seguente.

1) Allontanamento, raffreddamento della relazione

I partner iniziano a distanziarsi. Tengono dei segreti o ad omettere parti delle loro vite. Questo porta a non confidarsi e al nascere di incomprensioni, che a loro volta causano dissapori e allontanamento. Nella prima fase, un partner cerca momenti di vicinanza emotiva. Se non li trova, è probabile che la relazione si raffreddi e che i soggetti comincino a trascurarsi a vicenda.

In questa fase, potremmo assistere anche ad una riduzione della conflittualità. Il disinteresse, infatti, porta la coppia a investire meno energia nella relazione e nella risoluzione dei problemi. Per usare le parole di Shirley Glass, "questa mancanza di comunicazione crea un muro fra i partner", che va a sostituire quella che lei definisce "la finestra della fiducia". Attenzione: la parola "fiducia" qui va intesa come traduzione del termine "trust" e cioè non solo fiducia, ma fede nell'altro, capacità di contare sull'altro, di confidarsi con l'altro e di credere nell'altro. Quando si va a creare il "muro del silenzio", che sostituisce la fiducia, si crea allo stesso tempo l'occasione per il mantenimento di segreti e di aree nascoste che non appartengono più alla vita condivisa della coppia. Queste aree, sono terreno fertile per il tradimento.

2) Chiusura verso il partner e apertura all'esterno

Nel modello di Gottman, la coppia è rappresentata come una casa dove esistono dei muri che dividono l'interno dall'esterno. I muri sono una barriera che difende la coppia dalle interferenze esterne. All'interno della casa, invece, non vi sono barriere che possano ostacolare lo scambio tra i partner. Accade in questa fase che il malcontento e l'isolamento contribuiscano a costruire muri all'interno della casa (e quindi fra i coniugi). Allo stesso tempo, si aprono finestre nelle mura perimetrali - cioè verso altri potenziali partner. È in questa fase che le probabilità di confidare problemi intimi ad una persona esterna alla coppia aumentano. Quello che un tempo si faceva con il partner, ora lo si fa con un'altra persona.

3) Il futuro traditore critica il partner e la relazione

Dopo aver scoperto che esiste qualcuno di più piacevole, più comprensivo, più predisposto all'ascolto all'esterno della coppia, si inizia a screditare il partner. Inizialmente si tratta di una squalifica che avviene in modo silenzioso, dentro di sé. In seguito, questa viene anche verbalizzata e condivisa con il nuovo potenziale partner. Si inizia a criticare la propria relazione, a lamentarsi e a parlare dei propri problemi al nuovo confidente. In questa fase, dal punto di vista cognitivo, il traditore si focalizza, vede, ricorda meglio i lati negativi del vecchio partner e della vecchia relazione.

4) Il traditore squalifica il vecchio partner

Nella sperimentazione fatta presso i laboratori dell'università di Washington (Gottman & Levenson, 1992), le coppie dove poi si è verificato il tradimento esibivano segni di squalifica del partner. Nel materiale raccolto prima che accadesse il tradimento, ai potenziali traditori era richiesto di descrivere il partner. L'aggettivo più usato era "egoista". Già prima di tradire, nella mente del traditore è probabilmente in atto un processo che scredita il partner. Il percorso di squalifica sarà utile poi a giustificare il tradimento, vedendo il partner come colui da accusare. Chi tradisce ha ora un duplice pensiero: sono insieme al mio compagno/a e mi sto innamorando di un altro/a. Per risolvere questa dissonanza, il modo più usato è proprio quello di squalificare l'attuale compagno. Il mio compagno quindi è un egoista, e ha un'altra serie di difetti che giustificano il mio essermi innamorato/a di un altro/a. Insomma: la colpa non è mia, ma del mio compagno/a.

5) Attraversamento della linea rossa

Il traditore è ora pronto a tradire sessualmente, e basterà l'occasione giusta per oltrepassare questo limite. Questa linea di confine è raggiunta avvicinandosi in modo da tastare il terreno ed abituarsi all'idea. Per esempio, spesso prima del tradimento ci sono commenti intimi, sguardi prolungati, baci che si spostano dalle guance alle labbra e abbracci più lunghi del solito.

Questa è la sintesi del percorso che propongono due dei più illustri terapeuti di coppia. Per contrasto, la cascata ci dice anche quali siano le fondamenta di una relazione solida e basata sulla fiducia. Anzitutto, il dialogo emotivo tra i membri della coppia (1).

Se formulo richieste emotive nei confronti del partner, e tali richieste vengono accolte, non ho nessuna ragione di andare a cercare soddisfazione emotiva altrove (2-3).

Tutt'altro: col passare del tempo, comincerò a considerare il mio partner come la mia principale fonte di benessere. Ecco che il mio legame con lui diventerà a poco a poco più solido e coerente (4).

In questo senso, attraverso un buon dialogo emotivo, possiamo essere in grado di costruire una diga che interrompa il flusso della cascata Gottman-Rusbult-Glass.

1) Ho un buon dialogo emotivo con il partner: accolgo le sue richieste, i suoi bisogni, proprio come lui accoglie le mie.

2) Non cerco altrove qualcuno che possa soddisfare i miei bisogni. Invece di idealizzare un terzo individuo, sottolineo le caratteristiche positive del partner e della mia relazione.

3) Non ho bisogno di trasgredire per giungere alla soddisfazione, dato che la mia relazione è già fonte di soddisfazione personale.

A prima vista, il compito potrebbe sembrare facile: "Per evitare il tradimento, mi basterà accogliere le richieste emotive del mio partner". Tuttavia, dobbiamo considerare che molto spesso le richieste emotive non vengono neanche riconosciute come tali. Queste richieste possono essere così piccole da passare inosservate. Ad esempio, la semplice richiesta di andare a fare una passeggiata insieme, potrebbe essere una richiesta emotiva.

Non solo: quando si vive una relazione, è probabile che ci si trovi il più delle volte tra due fuochi in conflitto, e non è facile districarsi.

Mettiamo caso che io debba consegnare un lavoro importante per domani, e che il mio partner mi faccia una richiesta emotiva chiedendomi di vedere un film. In questo caso, mi trovo nella difficile posizione di dover scegliere cosa fare. Per uscire dall'apparente impasse, potrei trovare un modo di riconoscere la richiesta emotiva e portare comunque a termine i miei impegni. Sarebbe sufficiente una semplice comunicazione funzionale: "Mi piacerebbe tanto vedere un film, ma devo finire un lavoro che proprio non posso rimandare. Ti spiace se lo guardiamo domani?" In questo senso, costruire un buon dialogo emotivo è prima di tutto questione di equilibrio e di maturità psicologica ed emotiva:

- Se faccio continue richieste emotive, senza considerare la realtà delle cose, a lungo andare riceverò sicuramente un buon numero di rifiuti.

Oppure:

- Se sommergo il mio partner di richieste emotive, potrei in qualche modo farlo sentire soffocato dalla relazione e spingerlo alla trasgressione.

Quando la mia richiesta emotiva e la situazione del mio partner si trovano in conflitto, come abbiamo visto con l'esempio poco sopra, è sufficiente avere la maturità di agire e reagire in modo maturo.

Inoltre, è una buona occasione per stimolare un dialogo sano e capacità di ascolto. In altre parole: se ho la sensazione di venire rifiutato dal partner, invece di chiudermi in un guscio o di reagire innescando il conflitto, ho il compito di aprirmi al dialogo e di spiegare come mi sento.

"A dirti il vero, mi sento rifiutato perché sento che stai dando priorità al lavoro piuttosto che a me. Mi piacerebbe poterne parlare, ora o magari domani. Ti va?".

Da parte sua, il partner avrà il medesimo compito: non aprire le porte al conflitto, bensì mantenere un dialogo sano che abbia come obiettivo principale l'espressione delle emozioni all'interno della coppia. Di questo, torneremo a parlare in seguito.

1.2. Dialogo e conflitto

Per molti psicologi di coppia, il tradimento non deve per forza segnare la fine di una relazione. Anzi: è possibile che dal tradimento una coppia esca in qualche modo fortificata, più aperta al dialogo e alla considerazione-comprensione dell'altro. Per noi, il motivo è subito ovvio.

Se il tradimento, come spesso accade, è avvenuto a causa di carenze in fatto di dialogo emotivo, la ricostruzione del rapporto di coppia implicherà l'apprendimento di un metodo di dialogo alternativo.

Quando faccio richieste emotive al mio partner, e lui mi rifiuta, dopo diversi rifiuti, potrei scegliere la strada dell'evitamento. Se diverse richieste di attenzione cadono a vuoto, o peggio se causano dei litigi, apprendo che queste sono inutili o addirittura dannose. Da qui, decido di evitarle.

In pratica: smetto di chiedere, per evitare di finire nella situazione di essere ignorato o di accendere un conflitto .

Appare ovvio che, in una situazione del genere, il problema sia più profondo del semplice rifiuto di offerte emotive. Il problema riguarda l'incapacità fondamentale di dialogare, senza che il dialogo si traduca potenzialmente in conflitto con il partner.

La situazione dovrebbe invece essere la seguente:

1) Spiego al mio partner come mi sento, senza colpevolizzarlo ma cercando di approfondire e rendere fruibili le mie emozioni all'altro.

2) Da parte sua, il partner si disporrà in uno stato di ascolto.

3) In seguito, sarà lui stesso a spiegarmi le sue emozioni e le sue motivazioni.

4) In questo modo, da una potenziale situazione di conflitto, la coppia sarà fortificata.

Insomma, per evitare di finire nella cascata Gottman-Rusbult-Glass, non bisogna accogliere tutte le richieste; piuttosto, si deve dialogare in maniera sana senza fare di ogni dialogo una lotta per la supremazia.

1.2.1 La visione in bianco e nero

Mettiamo caso che io abbia tradito il mio partner o che sia stato tradito. In che modo posso reagire?

- Da un lato, continuando a riporre tutta la colpa sul partner. "Sì, è tutta colpa sua, non ha mai accolto le mie richieste emotive". Oppure, se sono stato tradito: "Mi ha tradito! Non riesco proprio a spiegarmi perché".

- Dall'altro, abbandonando una visione in bianco e nero dell'esistenza per abbracciarne una più complessa e sfumata.

Si tratta di lasciarsi alle spalle le semplificazioni: nelle relazioni di coppia non esistono una vittima e un carnefice (sia chiaro, non mi riferisco qui alle situazioni di violenza psicologica ed emotiva, in cui la distinzione giuridica, oltre che etica, tra vittima e carnefice è fondamentale e innegabile).

Esistono invece delle responsabilità condivise. La maggior parte delle volte, tali "colpe" sono distribuite più o meno ugualmente tra entrambi i partner, e riguardano la duplice incapacità di comunicare in maniera sana e funzionale.

Molti dei miei pazienti, quando arrivano in studio, non fanno altro che attaccare il partner accusandolo di essere un traditore e un buono a nulla. Già dopo pochi incontri, queste stesse persone sono in grado di considerare le proprie colpe e di ammettere i propri errori (e di comprendere, invece di giudicare, quelli del partner).

Perché, allora, ci è così difficile ammettere la nostra stessa imperfezione? Perché ci è così difficile ammettere che il nostro partner possa averci tradito pur non essendo un mostro?

Le ragioni di una tale difficoltà riguardano in primo luogo le nostre aspettative sulla realtà. Probabilmente, la nostra cultura si sta trasformando dal credere in Dio e nella religione, al credere in un amore perfetto che un giorno arriverà a salvarci dalle nostre vite tristi e opache. Secondo alcuni autori, queste aspettative possono avere radici nella nostra infanzia o nell'adolescenza (Ruiz-Palomino, 2021)

L'ideale di perfezione in cui ingabbiamo il partner, ci fa vedere la relazione in modo "digitale": ON e OFF, bianco e nero. Per cui, quando diventa palese che il nostro partner non è perfetto, tendiamo a mandare in crisi quest'immagine che ci siamo creati.

"Pensavo che di lui avrei potuto fidarmi al 100%, e invece eccomi qui".

"Pensavo che il mio partner fosse perfetto, ma quanto mi sbagliavo! La nostra relazione è stata una finzione".

Per costruire una relazione sana, e per affrontare le difficoltà in maniera funzionale, abbiamo l'arduo compito di iniziare a guardare le cose in maniera differente.

1) Dobbiamo rivalutare le nostre aspettative sulla realtà: è impossibile che una persona soddisfi le nostre aspettative al cento per cento. Detto altrimenti: è impossibile che una relazione non presenti alcuna problematica da superare attraverso l'impegno condiviso.

2) Dobbiamo equilibrare la nostra relazione con gli altri ambiti della nostra vita personale. Soltanto in questo modo, non caricheremo la nostra relazione di aspettative irreali che ci faranno prima o poi sperimentare un grande dolore.

3) Dobbiamo impegnarci nel dialogo con il partner, aprendoci alla possibilità di cambiare opinione e di comprendere le emozioni e gli errori nostri e di chi ci sta accanto.

Si tratterà di passare dalla colpevolizzazione alla consapevolizzazione: soltanto in questo modo, potremo fare del tradimento un'occasione per crescere come coppia.

1.3 Cause del tradimento

Torniamo alla domanda fondamentale: "Perché si tradisce?".

Come spesso accade in psicologia – una scienza molto giovane e che ha il difficile compito di afferrare l'imprevedibilità dell'essere umano –, trovare una risposta univoca e certa a questa domanda risulta impossibile. Abbiamo già visto la teorizzazione di Gottman-Rusbult-Glass. Ora vediamo anche altre spiegazioni che possano chiarire ulteriormente il quadro. Ci sono, infatti, ulteriori risposte che ci aiutano ad avere una visione più chiara del fenomeno del tradimento.

Una di queste risposte, è la seguente: "Spesso si tradisce perché c'è una carenza comunicativa. Si tradisce perché il dialogo tra partner è fallito in partenza". Partiamo da qui, tenendo ben presente che è solo uno dei punti di vista da cui possiamo guardare la questione. Secondo Nguyen (2020), questa è una delle cause più importanti, insieme ad altri fattori come lo stress percepito.

La carenza comunicativa porta i partner ad evitare il dialogo: quasi ogni conversazione, infatti, tende ad essere motivo di conflitto. A lungo andare, i conflitti irrisolti conducono i partner all'allontanamento emotivo: quando si è lontani, è più facile che ci si avvicini ad una qualche forma di trasgressione.

Tale carenza in fatto di dialogo, conduce a tutta una serie di potenziali effetti negativi riscontrabili nel breve o nel lungo periodo:

- Dato che sono distante emotivamente dal partner, la nostra intesa sessuale comincia a diminuire. Ecco che, oltre alle carenze dialogiche, nella coppia si insinua anche lo spettro dell'insoddisfazione sessuale.

- Dato che sono distante emotivamente dal partner, cerco in ogni modo di farlo riavvicinare a me, mettendo in atto comportamenti di controllo dettati dalla gelosia.

- La distanza si trasforma in malumore, che crea un "ambiente-coppia" poco piacevole, se non addirittura ostile.

- Nella coppia viene alimentata l'insoddisfazione di vivere la coppia stessa, cosa che alimenta dubbi di vario genere: "Dovrei lasciarlo/a?", "L'amore è finito?". Il proliferare di queste domande, può predisporre alla decisione di allontanarsi definitivamente dalla relazione.

Come a dire: molto ha inizio da una carenza dialogica, ma tale carenza causa ben presto una serie di effetti più o meno nefasti. Nel momento in cui la mia intesa sessuale col partner si è rotta, è più facile che le mie trasgressioni si orientino verso comportamenti di natura sessuale. Nel momento in cui la mia intesa emotiva col partner viene a mancare, è più probabile che cerchi altrove la soddisfazione ai miei bisogni emotivi.

Tra le altre ipotesi che cercano di spiegare le motivazioni del tradimento, ci sono le prospettive evoluzionistiche, che vedono l'infedeltà come un modo di massimizzare il successo riproduttivo. Secondo questo filone teorico, gli uomini sarebbero più propensi a cercare molteplici partner riproduttivi a causa del basso investimento, mentre le donne potrebbero trarre vantaggio dal garantirsi buoni geni accoppiandosi con un partner occasionale, pur mantenendo risorse stabili attraverso un partner primario. (Selterman et al., 2021)

Il tradimento sembra inoltre facilitato dalla possibilità stessa di tradire. Il vecchio detto "l'occasione fa l'uomo ladro", in altre parole, sembra essere verificato per quanto riguarda l'infedeltà coniugale. Il reddito, il luogo di residenza, l'accettabilità sociale delle relazioni extraconiugali e la presenza di partner interessati sono tutti fattori correlati alle probabilità che una persona tradisca (Ibid.).

Molto comune nella cultura popolare, è anche il "deficit model" dell'infedeltà. Si tratta dell'idea che un fattore determinante del tradimento sia una scarsa esperienza relazionale (Thompson, 1983). In altre parole, la convinzione che siano necessariamente conflittualità, mancanza di comunicazione, insoddisfazione coniugale a determinare la genesi del tradimento. Chi non ha mai pensato: "Chi tradisce, non è felice nella sua relazione."?

Questa visione rischia però di essere limitante. Secondo Selterman e colleghi (2021) e, – seppur senza pretese di significatività statistica –, anche secondo gli autori di questo libro, talvolta il tradimento è indipendente dalla "salute" del rapporto ufficiale.

Alcune correnti di pensiero tendono a dividere le motivazioni del tradimento in due grosse categorie: cause "situazionali" e "caratteriali".

Le cause situazionali, sono perlopiù connesse a quanto detto finora: una situazione legata al mancato dialogo o all'incapacità di risolvere i conflitti, può essere indicata come concausa di trasgressione e di tradimento.

Sempre nelle cause situazionali, troviamo anche fattori legati all'ambiente-coppia, alla famiglia di origine o al particolare contesto sociale. Ci sono, ad esempio, ambienti in cui il tradimento è considerato normale e giustificabile in via di principio.

Le cause caratteriali sono, al contrario, quelle proprie dell'individuo che tradisce. Secondo alcuni autori, lo stile di attaccamento dell'individuo (Russell et al., 2013) e la sua formazione caratteriale sembrano giocare un ruolo importante nella propensione al tradimento. Il cosiddetto "orientamento socio-sessuale", cioè il grado in cui le persone si sentono a proprio agio con il sesso occasionale, è stato associato a una maggiore motivazione ad intrattenere una relazione extraconiugale a causa del desiderio di varietà sessuale.

Selterman e colleghi (2019), hanno identificato otto variabili "motivazione":

1. Rabbia, o sentirsi arrabbiati per le azioni del partner,
2. Desiderio Sessuale, o desiderare di avere più rapporti sessuali,
3. Mancanza d'Amore, o sentirsi privi di intimità o affetto per il partner,
4. Basso Impegno, o non orientare le azioni intorno al futuro della relazione,
5. Stima di sé, o un desiderio di maggiore autonomia o autostima,
6. Situazione, o giudizio offuscato a causa di uno stato mentale alterato (come l'ebbrezza) o dello stress,
7. Trascuratezza, o sentirsi maltrattati dal partner,
8. Varietà, o desiderare un maggior numero di partner sessuali.

Questa classificazione ha permesso di identificare varie caratteristiche che possono spingere un partner infedele verso l'una o l'altra categorizzazione. Ad esempio, una persona che crede nel destino romantico (l'idea che esista solo un potenziale partner), potrebbe con maggiore probabilità essere spinta all'infedeltà dalla mancanza d'amore e dalla trascuratezza.

Gli uomini sembrerebbero invece essere più propensi a tradire per soddisfare il desiderio sessuale e per i fattori situazionali, mentre le donne più propense ad essere infedeli perché si sentono trascurate dal partner. (Selterman et al., 2021)

Anche in questo caso, gli scienziati non sono riusciti a identificare una causa "universale" del tradimento.

Secondo altri studiosi, le cause del tradimento potrebbero addirittura riguardare fattori genetici: gli uomini, sarebbero in media più propensi di circa il 20% al tradimento rispetto alle donne (64% gli uomini, 40% le donne) (Zietsch et al., 2014). Infine, per spiegare il tradimento, sono state anche indicate motivazioni biologiche legate alla struttura dei recettori dopaminergici (Garcia et al, 2010).

1.3.1 Prevenire il tradimento

Quando mi trovo in studio con i miei pazienti, spesso evito di parlare delle cause del tradimento. Al contrario: invece di elencare le possibili cause dell'infedeltà, approfondisco le motivazioni che spingono gli esseri umani a rimanere fedeli al proprio partner.

Uno studio sulla questione (Apostolou e Panayiotou, 2019), risulta essere indicativo dei temi che stiamo trattando. Apostolou e Panayiotou esaminano le cause principali della fedeltà tra partner.

Tra le prime tre cause, troviamo in ordine:

1) Soddisfazione relazionale.
2) Senso di colpa in caso di trasgressione.
3) Timore delle conseguenze del tradimento (es. giudizio altrui, necessità di costruire una nuova relazione).

Lo abbiamo già visto: per prevenire il tradimento, dobbiamo imparare a costruire una comunicazione sana con il nostro partner. Dobbiamo, cioè, imparare a rispondere reciprocamente alle rispettive offerte emotive, instaurando un rapporto fondato sul rispetto e sulla condivisione degli spazi.

"Perché, se evitare il tradimento appare così semplice, così tante coppie si trovano a vivere questa spiacevole situazione?".

Secondo la mia esperienza, le motivazioni possono essere svariate. Alcune di esse sono probabilmente impossibili da replicare in condizioni sperimentali.

Mettiamo caso che tu abbia cominciato un nuovo lavoro. In ufficio, incontri una persona che ti colpisce per la sua bellezza e la sua personalità. L'attrazione nei confronti di questa persona, per il momento, non indica alcuna trasgressione dei principi della tua relazione. Del resto, è impossibile controllare questo genere di cose. L'attrazione è un moto involontario.

Al tuo partner, accenni solo vagamente di questo nuovo collega: non vuoi di certo farlo preoccupare senza motivo.

Giorno dopo giorno, costruisci con questa persona un rapporto sempre più intimo. Gli racconti della tua vita, lui/lei ti racconta della sua. A conti fatti, questa persona sa più cose del tuo partner di quante cose il tuo partner sappia di lui/lei.

Se costruisci con un collega un rapporto intimo, senza farne accenno al tuo partner, potresti aver già iniziato a costruire ostacoli all'intimità della tua coppia. Soprattutto se le discussioni con il potenziale amante vengono alimentate da manifestazioni di insoddisfazione verso l'altro membro della coppia. Questi ostacoli, generano una distanza emotiva all'interno della tua relazione, che rischia di aumentare nel tempo e condurre alla trasgressione o alla rottura.

Eccoci al punto cardine: molto spesso, le trasgressioni hanno inizio come cose di poco conto. Conosciamo qualcuno e ci stringiamo un rapporto potenzialmente amichevole. Magari, in quello stesso periodo, stiamo vivendo un momento di difficoltà con il nostro partner. O semplicemente, iniziamo a paragonare questo qualcuno al partner. E magari notiamo che riesce a farci provare delle emozioni che non provavamo da anni.

Invece di rafforzare la relazione con il partner, tenendo fuori il collega, facciamo l'esatto contrario: approfondiamo il rapporto con il collega e teniamo fuori il partner. Allora, il dialogo non ha più ragione di esistere: abbiamo già trovato qualcuno disposto ad ascoltarci e a far fronte alle nostre richieste emotive.

Siamo veramente così ingenui da credere che, l'intesa con il collega, potrebbe invece durare per sempre? In verità è probabile che, se lasciassimo la nostra relazione perché stiamo incontrando delle difficoltà -senza imparare ad affrontarle nel modo giusto-, prima o poi torneremmo al punto di partenza. Finiremmo di nuovo invischiati in una relazione senza dialogo e saremmo costretti a cercare altrove la nostra fonte di soddisfazione (cioè, a perpetrare nuovi tradimenti).

Un dilemma analogo vale anche per il partner che è stato tradito: subire un tradimento è un avvenimento doloroso, che può indicare un malfunzionamento relazionale. Da un tale avvenimento si può fuggire allontanandosi, oppure ci si può sforzare per affrontarlo cercando di capire se ci sono gli estremi per ricostruire la relazione.

Il primo passo, è quello di guardare in faccia la realtà delle cose:

Invece di cercare altrove una soddisfazione momentanea o di porre fine alla relazione, incosciente del fatto che un giorno incontrerò nuovi problemi e conflitti, mi impegno per lavorare su quello che già ho e che ho costruito nel tempo.

Quando parlo con i miei pazienti, mi piace spesso fargli un esempio. "Superare un tradimento non è semplice. In un certo senso, è un po' come scalare una montagna: serve forza, persistenza, il dare il giusto tempo alle cose. Se abbandonassimo l'impresa, sarebbe impossibile godersi i meravigliosi panorami che potremmo ammirare durante la scalata".

L'esempio è calzante per varie ragioni: non si tratta di avere un rapporto perfetto con il proprio partner, ma di impegnarsi attivamente per costruire un rapporto soddisfacente a partire dai momenti di difficoltà.

1.4 L'occasione

È semplice puntare il dito contro i traditori. "Hai sbagliato! Ora verrai punito!" è la classica logica del giusto/sbagliato, troppo rigida da applicare alla mente umana.

Come dice Esther Perel: "Le complessità dell'amore e del desiderio non si prestano a semplici categorizzazioni di buono e cattivo, vittima e colpevole". Senza scomodare Watzlawick e la sua idea sul principio di tertium non datur, possiamo limitarci a dire che puntare il dito non ci rende meno propensi a trasgredire. Dovremmo limitarci a comprendere che desiderare altro, soprattutto dopo anni di relazione, è semplicemente umano.

A conti fatti, non è neanche scontato che la monogamia sia la forma naturale per la nostra specie.

Se si vuole entrare in una relazione sana, o se si vuole ricostruire un rapporto in seguito ad un tradimento, bisogna mettersi in testa questo principio di base. È improbabile che gli altri corrispondano al nostro ideale di perfezione. Inoltre, chi ha tradito non può e non deve essere considerato come un mostro.

Questo vale anche nei confronti di noi stessi: se abbiamo tradito, è normale sperimentare sensazioni che vanno dalla vergogna al senso di colpa. Tali sensazioni, però, sono inutili se servono solo a mortificarci.

Certo, abbiamo sbagliato – ma sbagliare fa parte della nostra natura. Abbiamo commesso un errore a cui desideriamo riparare nel migliore dei modi. Quando additiamo gli altri, o noi stessi, come dei mostri, in realtà ci stiamo allontanando dalla possibilità di un cambiamento concreto. Il motivo è semplice: se ci definiamo in maniera piatta e digitale, puntando il dito contro la nostra cattiva indole, non avremo mai modo di muoverci attivamente verso un cambiamento. Le definizioni binarie, tipiche delle favole dei Fratelli Grimm, sono totalmente in contrasto con la complessità dell'essere umano.

Il tradimento è un avvenimento doloroso, ma è anche piuttosto comune. Se stiamo sperimentando un enorme dolore perché abbiamo tradito o siamo stati traditi, queste sono le prime considerazioni da fare:

1) Comprendere che il tradimento fa male, ma che è una possibilità concreta dell'esperienza umana e che non c'è nulla di mostruoso in esso.

Dunque:

2) Rivalutare la nostra idea di perfezione per avvicinare le nostre aspettative alla vita reale, evitando così di

amplificare le nostre sofferenze e di avviarci verso la guarigione.

Nei prossimi capitoli, vedremo all'atto pratico come agire per superare il tradimento e per imparare a gestire la sofferenza che ne deriva. Vedremo anche come sia possibile ricostruire la fiducia tra i partner feriti. Per riassumere, possiamo ora segnare i seguenti punti fermi:

1) Le cause del tradimento sono molteplici. Tra queste, è importante ricordare la difficoltà comunicativa. La mancanza di dialogo, conduce all'internalizzazione del conflitto e alla ricerca di soddisfazioni esterne alla relazione.

2) Per superare il tradimento, dobbiamo cominciare a normalizzarlo e a rivalutare le nostre aspettative riguardo alle cose che ci circondano.

3) Per crescere come coppia, ed evitare o superare il tradimento, bisogna impegnarsi attivamente nel costruire un rapporto fondato sul dialogo, sulla condivisione e sulla fiducia.

1.5 Si può ricostruire la fiducia? Sei premesse

In un articolo di Mauldin e Hildreth (1997) vengono elencate sei premesse che aiutano a porre delle basi solide nel ricostruire la coppia. Ma prima, proviamo a rispondere alla domanda probabilmente più spinosa di tutte.

1.5.1 Si può ricostruire la fiducia?

"Vorremmo cominciare un percorso con lei, ma dopo un tradimento... è davvero possibile ricostruire la fiducia?" - questa è la domanda che mi sento rivolgere più spesso dalle coppie. In risposta, utilizzo spesso una metafora che ho letto una volta.

Immagina di avere un cuore forte e sano, che è sempre stato impeccabile nel suo battere. Un giorno, però, fallisce. Un'arteria si occlude e il cuore smette di battere per un po'. Di corsa all'ospedale, fortunatamente, i medici riescono a salvarti.

Ti sottopongono a un intervento chirurgico, e ti ritrovi con un cuore un po' diverso da prima. Seppure più forte, fatichi a riconoscerlo, perché non riesci ancora a sentirlo tuo. Non riesci ancora a credere che ti abbia tradito.

In fondo, come ha potuto smettere di battere?

Fidarsi è difficile, e per quanto il chirurgo ti rassicuri: "Il suo cuore ora è perfetto!", decidi di non rischiare. Quindi non solo non fai più attività fisica, ma decidi anche che alzarsi dal letto può essere troppo pericoloso. Ecco che, giorno dopo giorno, la paura di soffrire di nuovo, ti spinge in un'incessante monotonia, priva di vita e di entusiasmo.

Un giorno però, una piccola speranza si fa spazio. La senti provenire proprio dal tuo cuore, come una voce che urla: "Lasciami vivere! Lasciami tornare a passeggiare, a correre, a gioire!". Ecco che proprio in quel momento, potresti scoprire di voler dare una seconda opportunità al tuo cuore.

A questo punto, si aprono due scenari: potresti decidere che sia meglio restare confinato nel tuo letto, con un cardiologo sempre tra i numeri d'emergenza. Oppure, potresti accettare che fidarsi non significa ignorare il rischio di soffrire, ma accettare anche la possibilità di essere delusi. E che rischiare fa paura, ma è anche necessario, perché è l'unico modo per permettere al tuo cuore di scandire la melodia della vita.

1.5.2 Sei premesse

Ecco quindi sei premesse che costituiscono l'impalcatura necessaria a ricostruire la fiducia e la relazione.

1. Il futuro è più importante del passato. Tu e il partner, dovrete accettare che il tradimento sia avvenuto, impegnarvi affinché non si ripeta, ed evitare di utilizzare il tradimento stesso come un'arma da brandire contro il traditore nelle discussioni future. Insomma: il passato, è passato.
2. L'amore è un sentimento, la relazione è una scelta. Quando un partner tradisce, spesso il traditore prova dei forti sentimenti verso l'amante. Non c'è nulla di strano: la novità, l'avventura, il modo in cui l'amante fa sentire il traditore, sono benzina sul fuoco del desiderio. Al contrario, essere in una relazione per tanto tempo, tende a spegnere questa fiamma. Il sentimento, tipicamente, cambia. Ed è facile farsi confondere dall'innamoramento che si vive nei primi momenti di una nuova relazione, priva degli impegni e del tedio di una relazione di lunga data. In questo senso, la relazione è una scelta: sei l'unico a sapere se vuoi provare a ricostruire la tua relazione. Ma tieni presente che è normale che i sentimenti cambino, e non per questo hanno meno valore.
3. Parlare del tradimento peggiora le cose. In questo libro, verranno infatti indicati dei limiti e delle modalità ben

precisi in cui parlare del tradimento, dopodiché l'argomento dovrà essere tralasciato in favore di una focalizzazione sul futuro, piuttosto che sul passato. Inoltre, è bene ricordare che è impossibile determinare con matematica certezza le cause di un tradimento. Così come già ampiamente detto, la mente umana è così complessa da essere impossibile da decifrare. Andare ad arenarsi sull'idea di poter scoprire il perché di un tradimento, ti porterà solamente a ritornare di continuo sull'argomento. Per questo, dopo la fase iniziale di ricostruzione, prendi per buone le risposte che sono arrivate, senza impegnarti a trovarne altre. Perché il rischio è di finire in un vero e proprio dubbio ossessivo, da cui è difficile uscire da soli.

4. "Fake it till you make it". Un modo di dire anglosassone, che si può tradurre con "fingi, finché non ci riesci". Forse adesso sei convinto che non sarà possibile riuscire ad essere di nuovo felice in coppia. Invece di focalizzarti su questa paura, puoi provare un altro approccio, cioè quello di "fingere che il problema sia risolto". Se la tua paura è proprio questa - ovvero di non sapere se riuscirai ad essere felice, semplicemente fingi di esserlo. Chiediti: "Cosa farei in questo momento se fossi felice?", "Come mi comporterei se andasse tutto bene con il partner?". Agisci di conseguenza. Fare in questo modo, dopo un po', trasformerà le vostre interazioni da disfunzionali a

funzionali, perché si basano su un presupposto che non è più quello dell'infelicità e del dolore dato dal tradimento, ma su quello della felicità. Pian piano, potresti accorgerti che non stai più fingendo, e che a furia di fingere... la finzione sarà diventata realtà!
5. Non ci sono problemi così gravi da non poter essere superati. Se c'è un concreto desiderio di farlo, non c'è motivo perché da questa situazione non si possa uscire più forti di prima. Il tradimento è una comunissima esperienza umana, e intorno ad esso abbiamo costruito una serie di tabù e paure. Eppure, se lo guardiamo come un problema insormontabile, effettivamente, lo sarà. Al contrario, se lo guardiamo come qualcosa che è possibile superare, sarà tutto più facile. Insomma: il problema, così come la soluzione, sta nella premessa.
6. Stare meglio è una decisione. Lo psicologo (e tantomeno un libro) non potrà esercitare sulla tua coppia un influsso capace di "guarirla". Siete voi gli esperti della vostra coppia, e dovrete impegnarvi attivamente per recuperarla. In più, non c'è una misura oggettiva del superamento del tradimento: sarete voi a giudicare se e quando il tradimento sarà superato.

1.6 Il tradimento nelle relazioni omosessuali

Dopo aver affrontato l'argomento del tradimento in generale, riteniamo importante riservare uno spazio dedicato alle relazioni omosessuali.

Questo perché, per quanto le dinamiche del tradimento siano pressoché identiche, ci siamo accorti come le relazioni omosessuali siano poco rappresentate nei testi e nella letteratura scientifica. In fondo non c'è da stupirsi, considerato il contesto in cui ci troviamo: ricordiamo che l'Organizzazione Mondiale della Sanità ha smesso di considerare l'omosessualità una malattia solo nel 1992.

Il lettore ci perdonerà quindi se, di tanto in tanto, andremo ad affermare delle *doverose banalità* che, purtroppo, non sono scontate per tutti.

Le relazioni omosessuali hanno tanti punti di contatto con quelle eterosessuali. Presentano livelli simili di espressione affettiva, intimità, conflitto, impegno relazionale e soddisfazione complessiva (Blumstein e Schwartz, 1983; Kurdek, 1998, 2001, 2004). Le coppie omosessuali e eterosessuali condividono sostanzialmente le stesse aspirazioni d'amore, intimità e sicurezza nelle loro relazioni.

Una differenza fondamentale è costituita sicuramente dai ruoli di genere, cioè le norme comportamentali (determinate da aspetti culturali) associate a "maschi" e "femmine". Insomma, lì dove in una coppia eterosessuale ci si aspetta che uomo e donna si comportino in determinati modi all'interno della relazione, in una coppia omosessuale quest'aspettativa tende a decadere.

Questo può costituire sia un vantaggio, che uno svantaggio. Da un lato, la mancanza di ruoli "standardizzati" può generare confusione e incertezza; dall'altro, c'è una sorta di "flessibilità obbligata", per cui c'è un innato superamento dei ruoli di genere. Al contrario di quello che succede in una coppia etero, dove il marito si sente a disagio se si concentra sulla famiglia invece che sul lavoro, in una coppia omosessuale i partner sono tendenzialmente più liberi di assumere il ruolo che sentono proprio.

Parlando di ruoli, è interessante come nelle coppie lesbiche, si tenda a valorizzare maggiormente l'uguaglianza di potere all'interno della relazione tra i partner rispetto ad altre coppie (Markey e Markey, 2013). Quest'enfasi sulla parità, può portare a una maggiore equità nella divisione dei compiti domestici e ad un senso di potere "esattamente uguale" nelle loro relazioni, rispetto alle coppie gay (Peplau, Veniegas, e Campbell, 1996).

Purtroppo, nonostante il fenomeno stia diminuendo, le coppie gay e lesbiche sono ancora spesso osteggiate dalle famiglie. Che sia per una questione di consapevole discriminazione o inconsapevole ignoranza, è un dato di fatto:

le coppie omosessuali ricevono minor sostegno da parte dei familiari. E, anche se lo stigma dell'omosessualità è sempre meno presente, questo può comunque portare a sentimenti di pressione e isolamento all'interno della coppia.

Com'è ovvio, ciò comporta delle conseguenze. La mancanza di sostegno familiare, spinge verso una maggior coesione e interdipendenza all'interno della relazione. Senza il supporto della famiglia, infatti, le coppie omosessuali tendono a trovare sostegno all'interno della relazione. Questo può però costituire un peso troppo grande da portare per il partner, causando problemi all'interno della coppia.

Le sfide sono quindi chiare: navigare senza la "base sicura" dei ruoli di genere, gestire un diverso equilibrio di potere e affrontare la mancanza di sostegno familiare.

1.6.1 L'infedeltà nelle relazioni omosessuali

L'infedeltà, come già visto, è un fenomeno estremamente diffuso. È un'esperienza comune dell'essere umano che coinvolge tutti i tipi di relazione.

Come per le coppie eterosessuali, l'infedeltà può avere conseguenze psicologiche significative per gli individui in una relazione omosessuale. Rabbia, perdita di autostima e fiducia, umore depresso, l'ansia che l'evento possa ripetersi, il mettere in dubbio la relazione, sono tutti punti di contatto. Inoltre, l'infedeltà può portare a problemi nella relazione, come conflitti, distanza emotiva, e in alcuni casi, la fine della relazione stessa.

L'interruzione del rapporto, come già ripetuto più volte, è qualcosa che si può evitare. Il trauma si può superare e si può costruire una nuova relazione più forte di prima. Magari, basata su presupposti diversi: presupposti di onestà e fiducia.

Una "sana ricostruzione" è particolarmente importante, perché sappiamo che l'infedeltà può anche influenzare l'equilibrio di potere in una relazione.

Ad esempio, la persona che è stata infedele può guadagnare potere nella relazione, mentre la persona che è stata tradita può sentirsi impotente o controllata (Shackelford, 2001). Può anche succedere il contrario: la persona tradita può diventare *l'aguzzino del traditore*, utilizzando il comportamento del partner come leva per ottenere qualunque cosa desideri.

1.6.2 Relazioni orizzontali, relazioni verticali

Questo squilibrio di potere, com'è ovvio, può portare a ulteriori conflitti e problemi difficili da affrontare da soli. E quando questo squilibrio avviene in una diade non eterosessuale, possono sorgere ulteriori complicazioni.

È il caso di Marika e Amanda, che mi contattano in seguito a una serie di scelte sbagliate conseguenti la scoperta del tradimento di Marika. Alcuni messaggi sul suo cellulare, hanno evidenziato una frequentazione con una collega di lavoro per oltre sei mesi.

La scoperta è stata devastante: Amanda non è riuscita a dormire per settimane, e ha perso molto peso in poco tempo. Ha iniziato anche a non andare al lavoro, dichiarandosi malata.

Questo ha alimentato i già forti sensi di colpa di Marika, creando un fortissimo squilibrio all'interno della relazione. Quella che prima era una *relazione orizzontale*, in cui le partner avevano stessa importanza, stessi diritti e doveri, si è trasformata in una *relazione verticale*. Amanda è diventata la persona più importante e potente nella relazione, perché portava lo scettro del malessere causato dal tradimento.

Il risultato è presto detto: la coppia ha iniziato ad andare alla deriva non più per il tradimento, ma perché tutte le scelte di vita hanno iniziato a convergere verso ciò che desiderava Amanda. Una scelta particolarmente spinosa, è stata quella di "forzare" il coming-out di Marika, che fino a quel momento aveva nascosto il proprio orientamento sessuale alla famiglia d'origine, molto tradizionalista.

Il coming-out è, in questo caso, diventato una sorta di "moneta di scambio", una "dimostrazione d'amore" estremamente disfunzionale, che ha causato poi un terremoto sistemico all'interno della famiglia di Marika. Questo ha avuto delle fortissime ripercussioni anche sulla diade Amanda-Marika, dimostrando così che questa scelta rappresentasse una "tentata soluzione disfunzionale", concetto di cui parleremo in seguito.

È solo a questo punto che la coppia si rivolge a me: in un momento disperato, in cui i problemi avevano iniziato ad autoalimentarsi. Con un diverso tempismo, come spesso accade, ci sarebbero state minori conseguenze sull'intero sistema.

Ecco quindi che un tradimento si è trasformato in un pretesto per spingere la partner a prendere delle decisioni appartenenti a un dominio estremamente delicato, come il coming-out in famiglia.

1.6.3 Differenze e sfide delle coppie omosessuali relative all'infedeltà

Quali sono le differenze e le sfide tipiche che le coppie omosessuali si trovano ad affrontare quando si parla di infedeltà?

Innanzitutto, c'è una differenza di aspettative. La società tende a considerare la monogamia normale nelle relazioni eterosessuali, mentre le norme attorno alla monogamia possono essere meno chiare nelle relazioni omosessuali (Peplau & Fingerhut, 2007). Questo può portare a una maggiore accettazione o tolleranza all'infedeltà in alcune relazioni omosessuali, anche se ovviamente non è sempre questo il caso. Quando ci ritroviamo ad affrontare i tradimenti in coppie gay e lesbiche, dobbiamo sicuramente tenere in considerazione delle difficoltà aggiuntive, a partire dalla mancanza delle cosiddette "risorse esterne" e dello stigma sociale che in molti già affrontano.

Ricordo il caso di Ciro, che dopo aver subito un tradimento, si è sentito rispondere da sua madre: *"Tradimento? Ma non è normale tra di voi che andiate con tutti?"*. Questa frase sintetizza bene queste difficoltà che talvolta le coppie omosessuali devono affrontare: da un lato, la mancanza di supporto da parte dei propri cari; dall'altro, una mortificazione del proprio Io, annichilito dalla superficialità che ancora resiste nell'odierno contesto eterosessista.

1.6.4 La tolleranza maschile all'infedeltà omosessuale

Un interessante studio di Wang e Apostolou (2019) su un campione cinese e britannico, sottolinea l'aumentata tolleranza verso l'infedeltà da parte delle coppie di uomini gay. In altre parole, gli uomini gay tendono ad accettare più facilmente un tradimento rispetto alle altre coppie.

Inoltre, messi davanti a un'ipotetica scelta, gli uomini erano molto più propensi delle donne a preferire che i loro partner tradissero con una persona dello stesso sesso piuttosto che del sesso opposto.

Questa preferenza potrebbe avere radici evoluzionistiche. Sotto un certo punto di vista, il tradimento costituisce un pericolo per il tradito, sia perché rischia di perdere il proprio partner, sia perché rischia di investire risorse per allevare figli non propri.

Ecco che questo pericolo si può trasformare in sentimenti e strategie per evitare che questo accada. Tradotto in pratica, potrebbe essere questo il motivo che ci fa provare gelosia, rabbia, tristezza quanto scopriamo l'infedeltà di un partner.

Il pericolo di crescere un figlio non proprio, viene chiaramente annullato in caso di tradimento con una persona dello stesso sesso. Potrebbe essere proprio questo il motivo per cui gli uomini gay sono più propensi a tollerare un tradimento del partner con altri uomini.

Questo fenomeno è valido per diverse popolazioni, seppur con le dovute differenze. Ad esempio, cittadini cinesi e greci sembrano più tolleranti verso l'infedeltà rispetto agli inglesi. L'ipotesi dei ricercatori è che questo avviene perché i primi due attribuiscono un valore considerevole alla famiglia (Wang & Apostolou, 2017) e quindi è più probabile che tollerino l'infedeltà per preservare la relazione.

La gestione dell'infedeltà nelle relazioni omosessuali può essere complessa e sfidante. A differenza delle coppie eterosessuali, le coppie dello stesso sesso possono non avere modelli di riferimento chiari o norme sociali stabilite su come gestire l'infedeltà.

Questo può, allo stesso tempo, portare grande libertà ma anche grande incertezza e stress quando si tratta di navigare l'infedeltà. Molte volte, il sostegno che è difficile trovare in famiglia, viene trovato all'interno del gruppo sociale, soprattutto se formato da persone che possono davvero apprezzare e capire le moltiplicate difficoltà che si stanno affrontando.

Tra queste, c'è sicuramente l'omofobia interiorizzata.

1.6.5 L'omofobia interiorizzata

L'omofobia interiorizzata può diventare un peso così grosso da essere davvero insostenibile. Può minacciare alle fondamenta la stabilità e la felicità di una relazione, diventando anche una potenziale causa di tradimento.

L'omofobia interiorizzata si riferisce al processo per cui un individuo assorbe e accetta come veri gli atteggiamenti negativi, i pregiudizi e gli stereotipi della società nei confronti dell'omosessualità, applicandoli a se stesso.

Quando questo processo avviene, è un po' come avere un nemico dentro: una sorta di versione intollerante di sé da cui è difficile liberarsi, perché vive nei meandri della propria mente e, ogni volta che può, ci ricorda quanto disprezza chi siamo. Questo causa vergogna, ridotta autostima e una lotta estenuante per tentare di riconciliare la propria identità con le aspettative sociali ormai interiorizzate.

In una relazione, l'omofobia interiorizzata può manifestarsi in vari modi, tra cui il rifiuto di riconoscere o dichiarare la propria relazione, la paura di mostrare affetto in pubblico, o il costante confronto della propria relazione con le norme eterosessuali. Questi comportamenti possono creare tensioni e conflitti all'interno della relazione, poiché uno o entrambi i partner possono sentirsi rifiutati, nascosti o non validati.

Se tutto questo porta a insoddisfazione e infelicità nella relazione, uno dei partner può iniziare a desiderare una relazione che più socialmente accettabile, o può sentirsi intrappolato e soffocato dalla relazione attuale.

Questi sentimenti possono spingere l'individuo a cercare conforto o validazione altrove, portando potenzialmente a un tradimento.

Come nel più classico dei circoli viziosi, il tradimento può rafforzare ulteriormente i sentimenti di omofobia interiorizzata, poiché l'individuo può vedere la propria infedeltà come una conferma dei pregiudizi negativi della società nei confronti delle relazioni omosessuali.

Insomma: il tradimento causa la stessa sofferenza sia nelle coppie eterosessuali che omosessuali. Lo scopo di questo libro è di aiutare qualsiasi coppia a prevenirlo e superarlo, tenendo presente che le tecniche per farlo sono identiche.

L'unica accortezza dev'essere quella di considerare, nel caso delle coppie omosessuali, le varie complicazioni descritte.

Capitolo Secondo
La coppia tradita

Sommario del capitolo: Le fasi del tradimento. Che cosa succede dopo il tradimento. Cosa deve fare il partner traditore. Cosa deve fare il partner tradito.

2.1 Le fasi del tradimento

Prima di vedere come comportarsi in seguito ad un tradimento e come ricostruire la fiducia all'interno della coppia, mi piacerebbe approfondire alcuni argomenti.

Uno di questi riguarda le cosiddette fasi del tradimento: quei passaggi che trasformano il rapporto con un amante in una relazione seria dal forte investimento emotivo. Se nel capitolo precedente si parlava di fasi che predispongono al tradimento nella coppia ufficiale, qui si parlerà di quelle proprie della coppia extraconiugale. Ovviamente, non ci sono percorsi prestabiliti su come avvenga un tradimento. Molti pazienti però si riconoscono nelle fasi descritte di seguito.

Come abbiamo visto, le motivazioni per cui si comincia una relazione parallela a quella ufficiale sono molte, e spesso difficili da identificare con certezza. Spesso, queste relazioni sono superficiali e di breve durata; altre volte, invece, finiscono per diventare relazioni serie in cui si investe emotivamente.

A parere di Dave Carder, autore del libro Anatomy of an affair, ci sono tre fasi tipiche in ogni relazione extraconiugale.

1) Alterazione dell'umore. In questa fase, quando la persona entra in contatto con l'amante, sperimenta una forte scarica emotiva. "Quando ci vediamo, o quando

mi scrive, mi sento travolto dalle emozioni". "Solo leggere un suo messaggio, mi mette allegria".

2) **Spostamento del piano.** Molte volte, un uomo o una donna che tradiscono, non cercano intenzionalmente un'altra relazione. Magari nasce un'amicizia sul lavoro, per cui le prime conversazioni sono innocenti e relative all'attività da svolgere. Queste conversazioni tendono a passare da un piano professionale a un piano personale. Ecco che si inizia a parlare di sentimenti, magari di problemi che si hanno a casa, delle proprie emozioni.

3) **Nascondimento.** Quando ci si apre tanto ad una persona, ci si rende conto che se il partner lo scoprisse, potrebbero sorgere dei problemi. Da un lato ci si racconta che "è solo un'amicizia", ma dall'altro si capisce che il partner potrebbe "pensare male". A questo punto, si deve ammettere che probabilmente stiamo andando oltre. Per alcuni, questo si potrebbe già definire come un tradimento.

Come dicevo, queste sono le tre fasi che tipizzano una relazione extraconiugale secondo Carter. Io, tuttavia, ne aggiungerei una quarta: la più importante.

4) **Consumare il tradimento.** La tensione è cresciuta. Ci sono stati sguardi d'intesa, conversazioni sempre più private. Si inizia a sentire che questa persona risponde a delle esigenze che il partner non soddisfa più. Ci fa sentire "le farfalle nello stomaco", ci fa arrossire, quando

siamo con lei vediamo tutto più bello, tutto possibile. Finché qualcosa scatta, e finiamo a letto o, magari, a fare sesso virtuale. Proprio noi, che magari non avremmo mai creduto di essere capaci di tradire.

A questo punto, la storia può finire. Alcuni potrebbero decidere di comunicare l'accaduto al partner, altri si porteranno questo segreto nella tomba e giustificheranno i propri cambi d'umore con "...non è successo niente, è solo un momento".

In altri casi, la relazione extradiadica può diventare seria.

2.1.1 Sviluppi

All'inizio della relazione extraconiugale, spesso si ha l'impressione che tutto sia bello e raggiante. La noia della vecchia coppia sembra d'un tratto scomparsa: non di rado, si ha la sensazione di essere tornati giovani e ricchi di prospettive verso il futuro. Sovente, i pazienti che tradiscono, raccontano di aver ripreso a fare attività sportiva, rispolverato vecchie passioni, come in un rinnovato interesse verso la vita.

Il partner che tradisce, a questo punto, vive la relazione extra-coniugale come una boccata d'ossigeno in una camera a gas:

"Prima sentivo che tutto era spento, che tutto era monotono; adesso, invece, ho l'impressione di essere tornato a vivere, a essere veramente me stesso".

In questa fase, la relazione è ancora ben separata dalla vita quotidiana: gli incontri sono rari, e, quando avvengono, avvengono all'insegna della totale segretezza. In poche parole, è come se la persona vivesse due vite parallele:

- La vita con il partner, monotona e insoddisfacente.
- La vita con l'amante, ricca di emozioni e di eccitazione.

Poi, qualcosa scatta: l'eccitazione del momento, spesso tende a farci ignorare le conseguenze delle nostre azioni. Ed ecco che la storia inizia a coinvolgere la quotidianità in maniera pesante.

Il coinvolgimento emotivo comincia ad aumentare; con il coinvolgimento, aumentano anche le bugie. Questo perché il coinvolgimento presuppone tutta una serie di comportamenti: assumersi responsabilità nei confronti dell'altro, sentirsi coinvolto nelle sue vicende personali, supportarlo e aiutarlo.

La relazione extra-coniugale entra in una fase ancora più seria, in cui diventa più simile ad una relazione vera e propria, che va a minacciare la relazione ufficiale.

L'avventura si trasforma in una storia; la storia, in un rapporto profondo. La conseguenza di questa fase è che devono aumentare le bugie nei confronti della moglie o del marito. La gestione del rapporto diventa molto più complicata perché gli obiettivi delle due relazioni entrano nettamente in contrasto.

2.1.2 Innamoramento extra-coniugale

Ora, quali sintomi indicano che una persona si stia innamorando del proprio amante? Posto che ogni storia è diversa, per chi vive la relazione extraconiugale questi potrebbero essere dei segnali di innamoramento o di forte coinvolgimento emotivo (Tobore, 2020):

- Si pensa continuamente all'amante. Si fantastica su potenziali incontri e situazioni eccitanti. Ma anche: si cominciano a sviluppare reazioni emotive alla vita personale dell'amante (es. gelosia per una eventuale sua relazione ufficiale).
- Gli incontri aumentano al di fuori della fascia oraria usata per stare insieme.
- Vengono costantemente paragonate le due situazioni: tempo trascorso con amante, contro vita trascorsa con coniuge.
- Si cerca di sentire l'amante più volte nella giornata: le occasioni per sentirlo o sentirla al telefono, diventano allora di capitale importanza.
- Si iniziano a condividere dettagli della vita intima e personale, sogni e progetti sul futuro, errori del passato.

- Si ha la sensazione che l'amante comprenda veramente il proprio stato d'animo. L'amante diviene allora il primo confidente.
- Aumentano le scuse per non trascorrere il tempo con il partner ufficiale.

A questo punto, la persona potrebbe confessare tutto al partner. Oppure, investendo così tanto sulla relazione extraconiugale, potrebbe fare un passo falso e farsi scoprire.

Se ciò avviene, entriamo così nella fase successiva: la fase della coppia tradita. Cosa succede a questo punto?

2.2 La coppia tradita: cosa succede dopo il tradimento?

Il dolore del tradimento è un dolore atroce e subdolo: dolore che si accompagna a senso di sconfitta e ad un generale crollo della fiducia. Nel tradimento c'è sempre molta sofferenza, sia per chi lo compie, che per chi lo subisce.

Ma c'è anche timore: il timore di non riuscire più a fidarsi del partner. Prima di procedere, cerchiamo quindi di rispondere alla domanda: la relazione si può riparare dopo un tradimento?

Anticipando, la risposta è sì.

Una relazione può essere riparata, lì dove entrambi i partner hanno desiderio di farlo. Ovviamente, la relazione non sarà identica alla relazione precedente.

Quando parlo con i miei pazienti, spesso faccio una premessa:

"La relazione precedente con il tuo partner è giunta al termine. Ciò significa che essa aveva dei problemi di fondo di cui forse non ti eri reso conto. Adesso, tu e il tuo partner, avete la possibilità di cominciare una seconda relazione: diversa e fondata su basi più solide". Ma da dove cominciare?

2.2.1 Le reazioni

Dopo un tradimento, la normale reazione è quella della sofferenza (Apostolou, 2022). La sofferenza arriva inaspettata, e ha la potenza di un uragano.

"Non mi sarei mai aspettato di scoprire una cosa del genere", dice il partner tradito. "Non credevo neanche che ne sarei stato capace", dice spesso il traditore.

La scoperta può avvenire in svariati modi: attraverso la confessione del partner, per pura casualità (ad esempio, per una notifica apparsa sul telefono) o perché il partner tradito ha iniziato ad investigare attivamente.

In realtà, le reazioni alla scoperta del tradimento variano profondamente da persona a persona. Mentre alcuni individui sono in grado di riprendersi piuttosto velocemente, altri ne rimangono traumatizzati. Sentono che la loro vita coniugale è giunta al termine. Con la vita coniugale, sono giunte al termine tutte le abitudini che avevano costruito nel corso degli anni.

Ogni reazione è giustificata e proporzionata al carattere e al vissuto degli individui; ogni reazione, va a suo modo compresa ed affrontata nel migliore dei modi.

Ricordo ad esempio il caso di Giulio, che due anni fa arrivò in studio dopo aver subito un tradimento. Era così sconvolto dall'accaduto che non riusciva a mangiare, a dormire, a uscire con gli amici: passava le sue notti a rimuginare sull'accaduto e sulla maniera migliore di porre fine alla sua relazione.

Dopo la scoperta, gli equilibri si rompono.

Si rompono sia per il partner tradito, che per il partner traditore. Il primo ha perso la fiducia nel secondo; il secondo, il più delle volte, ha perso la fiducia in se stesso e vive un enorme senso di colpa e vergogna. Il tradimento può segnare non soltanto la fine o il cambiamento di una relazione, ma anche di un progetto di vita. Aggiungiamo che spesso le coppie che vengono in studio, hanno dei figli: ecco che, oltre alla relazione, il tradimento arriva a mettere in crisi anche loro.

Vedremo adesso le reazioni più comuni alla scoperta di un tradimento. Subito dopo, parleremo invece di alcune indicazioni che diamo a chi vuole rimettere in sesto la propria relazione.

2.2.2 La reazione del partner tradito

Cominciamo dalle reazioni tipiche del partner tradito. Il più delle volte, infatti, è il primo che viene a trovarmi in studio. Arriva nella speranza di riuscire a capire che cosa debba fare: deve porre fine alla relazione? Deve proseguirla? Come farà a fidarsi di nuovo della persona che l'ha tradito?

Com'è ovvio, dopo un tradimento molte persone non sanno come dovrebbero comportarsi. Insieme al dolore, vivono anche una sorta di stigma sociale: sono state tradite, e anche se hanno il desiderio di perdonare il partner, possono sentire la pressione del loro ambiente sociale.

"Ma che fai, tieni in casa qualcuno che ti ha tradito?", "Io non ci starei con una che è andata con un altro", "Se lo perdoni, significa che ti sta bene!" - queste sono alcune delle frasi raccapriccianti che talvolta amici e amiche dei traditi si sentono in diritto di dire ad una persona che già soffre. Questi "consigli", se così possiamo chiamarli, non fanno altro che alimentare dubbi nella mente della persona tradita. "E se lo fa di nuovo?", "Cosa dirà la gente di me?", e così via.

Subito dopo la scoperta, le persone tradite potrebbero vivere situazioni di forte stress o ansia. Alcune, testimoniano addirittura l'insorgere di attacchi di panico o improvvise crisi di rabbia.

Sebbene le reazioni possano essere diverse da persona a persona, sembra possibile rintracciare alcune reazioni comuni dopo la scoperta di un tradimento:

1) Estraniazione/ottundimento.
2) Ossessione.
3) Domande.
4) Indecisione.

Cominciamo dalla prima.

Estraniazione/ottundimento. Si tratta di una reazione emotiva molto comune. Il partner tradito, potrebbe entrare in uno stato di alienazione. La scoperta è stata improvvisa. Forse c'erano dei segnali sospetti, ma venivano ignorati: ecco che l'uragano arriva con tutta la sua potenza. Invece di soffrire, il partner tradito entra in uno stato di sonnolenza. Non riesce neanche a percepire le proprie emozioni. "Mi sento come lontano dalla realtà. Come se tutto questo, alla fine, non mi toccasse direttamente". In alcuni casi, si tratta di una vera e propria derealizzazione.

Ossessione. Anche la reazione ossessiva è molto comune tra le persone che hanno subito un tradimento. Subito dopo la scoperta, queste persone hanno difficoltà a dormire o a compiere i più semplici gesti quotidiani. Ogni istante, infatti, è un'occasione per ripercorrere mentalmente il tradimento subito. Potrebbe trattarsi di immagini o pensieri più o meno dolorosi, che vanno dal ricordare i messaggi che sono stati scoperti, all'immaginare scene di rapporti sessuali.

A poco a poco, questi pensieri possono diventare sempre più invadenti e dolorosi.

Come se non bastasse, possono arrivare anche dei flashback, che tormentano gran parte delle persone che hanno subito tradimento. Parliamo di flashback quando il ricordo di un trauma è così vivido, da sembrare di svolgersi nel presente. In risposta ai flashback, potrebbero essere messi in pratica quelli che potremmo definire "metodi d'indagine":

- La persona ha scoperto di essere stata tradita. Sa, ad esempio, anche che è stata tradita dal mese tot al mese tot. Comincia quindi ad indagare sul periodo del tradimento, cerca di capire dove si trovasse il partner in una certa data e che cosa stesse facendo. Tutto ciò, nella speranza di scoprire nuovi dettagli, svelare nuove bugie e di saperne di più. Questo processo generalmente abbassa temporaneamente l'ansia che prova la persona tradita, restituendo una sensazione di avere controllo sugli eventi.

L'ossessione diviene sempre più forte: per far fronte al dolore emotivo, la persona comincia a rimuginare sul tradimento e su tutti i dettagli del caso. Si tratta di una cosiddetta tentata soluzione disfunzionale. La persona ha l'impressione che indagando si senta meglio, che possa rimettere insieme i pezzi e infine venire a capo del complesso puzzle. In effetti, soddisfacendo questo bisogno, al momento l'ansia viene placata. A lungo termine però, questo comportamento non fa che peggiorare la propria condizione. Potremmo definire queste tentate soluzioni disfunzionali proprio così:

"Le strategie che una persona mette in cambio per affrontare un problema, convinta che siano utili a risolverlo, ma che in realtà lo sostengono, peggiorano, o ne generano un altro."

Nel lungo periodo, infatti, il tradimento subìto sarà sentito come ancora più presente, proprio perché ci abbiamo dedicato un'enorme attenzione. E andare avanti, sarà ancora più difficile.

Questo è ad esempio il caso di Laura, paziente con cui ho terminato un percorso recentemente. Laura lamentava di non riuscire più ad uscire di casa per incontrare i suoi amici, perché delle situazioni assolutamente normali e altrimenti piacevoli, diventavano motivo di sofferenza. Questa è una delle tante descrizioni di come viveva le sue uscite:

"Andavo al bar con gli amici, vedevo una coppia bere una birra... E subito pensavo a mio marito. Immaginavo che anche lui si fosse seduto a un tavolo, a fare un aperitivo con quella". Vedremo in seguito come gestire questo genere di pensieri.

Domande. La persona tradita, non di rado, comincia a sommergere il partner traditore di domande. Le domande possono riguardare un dettaglio qualsiasi del tradimento.

"Dove vedevi questa persona?".

"Come si chiama?".

"Ti piaceva andarci a letto?".

Proprio come i metodi d'indagine, anche le domande dovrebbero avere lo scopo di lenire il dolore emotivo della persona tradita. Fino a quando non conosce ogni dettaglio del tradimento (ore, luoghi, appuntamenti), la persona ha l'impressione di non poter superare la sofferenza che la sommerge.

"Avevo bisogno di conoscere tutto, ogni dettaglio. Avevo come l'impressione che se avessi saputo tutto, se mi fossi tolta ogni dubbio, avrei finalmente superato il tradimento. Invece era il contrario: più scoprivo, più avevo bisogno di sapere. Più avevo bisogno di sapere, più continuavo a creare conflitto all'interno della mia relazione".

Le domande, se fatte fuori dal contesto terapeutico, hanno proprio l'effetto contrario di quello sperato: invece di lenire il dolore del partner tradito, lo fanno aumentare in maniera costante. Il dubbio può allora persino trasformarsi in un dubbio ossessivo: la persona tradita pensa ai dettagli del tradimento giorno e notte, sul luogo di lavoro e durante le uscite con gli amici. Nessun dettaglio basta a placare la sete di curiosità.

Indecisione. Infine, l'indecisione. Il partner tradito potrebbe vivere emozioni e desideri contrastanti. Così:

- Un giorno, potrebbe essere sicuro di voler chiudere la relazione.

- Il giorno dopo, potrebbe finire a letto con il partner per assicurarsi che la relazione non sia giunta al termine.

Una tale indecisione, è spesso causa di altra sofferenza e anche di senso di colpa: "Ho sbagliato ad andarci a letto? Dovrei lasciarlo e basta?". E il giorno seguente: "Non voglio perderlo, forse è meglio che lo veda per parlarci di nuovo".

2.3 Il partner traditore

E il partner traditore? Al contrario di quello che si pensa, anche lui vive un forte carico di dolore emotivo e psicologico. Oltre alla paura di perdere il partner, vive emozioni che vanno dalla vergogna al senso di colpa, dal pentimento fino al disprezzo di sé.

In parole povere, il traditore vive un duplice disagio: quello legato all'immoralità delle proprie azioni, e quello dato dal non potersi confidare. Infatti, non sempre la nostra famiglia o i nostri amici sono in grado di comprendere il nostro stato d'animo. Ecco che, oltre al senso di colpa, subentra un senso di oppressione. A volte anche fisico.

Eppure, anche nel caso del traditore, sembra possibile rintracciare alcuni dei comportamenti più comuni conseguenti al tradimento.

2.3.1 Comportamenti comuni

Subito dopo la scoperta del tradimento, il partner traditore potrebbe vivere un brusco risveglio e un impietoso ritorno alla realtà. In altre parole, quando il partner viveva la sua relazione extra-coniugale, era come se vivesse due vite parallele. Da un lato, la vita con il coniuge o compagno; dall'altro lato, la vita con l'amante.

Adesso, i nodi sono arrivati al pettine. Le due vite si sono incontrate, mettendo davanti al partner traditore la realtà delle cose.

- Il partner traditore può sperimentare incredulità, e a volte vera e propria sorpresa. Capisce che è tutto finito: adesso dovrà pagare le conseguenze delle proprie azioni.

In questa fase, il dolore è ancora vago: come il partner tradito, anche il partner traditore potrebbe vivere una sorta di distacco dalla realtà.

In alternativa, potrebbe entrare in una fase di aggressività: di fronte alla scoperta del tradimento da lui perpetrato, potrebbe infuriarsi con il partner perché ha letto i suoi messaggi senza permesso o perché lo ha seguito in macchina fino al luogo di un appuntamento.

Questa fase potrebbe anche protrarsi nel tempo.

"Anche dopo mesi dal tradimento, continuavo ad infuriarmi con mio marito. Mi faceva domande, voleva sapere più dettagli, e io allora gli urlavo contro: ti ho già detto tutto, cos'altro vuoi sapere?!".

L'aggressività è un atteggiamento di difesa: invece di affrontare il proprio dolore, facendo fronte all'emozione della tristezza o del senso di colpa, il partner traditore cerca di elaborare questa tristezza trasformandola in rabbia. In questo modo, non fa altro che peggiorare la propria situazione creando nuovi conflitti all'interno della coppia. Talvolta, l'aggressività può anche essere usata per nascondere la verità o per bloccare ulteriori domande da parte di chi è stato tradito.

Un'altra reazione comune è naturalmente quella della sofferenza e del timore di perdere il partner (spesso anche i figli, la casa, lo status sociale).

"Avevo paura di perdere tutto. Di finire in tribunale. Di divorziare. Di non poter più entrare in casa mia e di poter vedere i miei figli solo per il week-end. Ci pensavo tutto il giorno. In realtà, anche la notte. Tanto che non dormivo più".

Non c'è niente di strano: tornato alla realtà, il partner traditore si rende conto che la relazione extra-coniugale non era un gioco. Era qualcosa di concreto che ora sta mettendo realmente in pericolo il benessere personale, oltre a quello della famiglia. Se ne parla con amici o con la famiglia, le reazioni che si trova ad affrontare sono quasi sempre le stesse:

- Tacito disprezzo.
- Ramanzine.
- "Scusa se te lo dico, ma te lo sei meritato!".

Capita che venga spontaneo distanziarsi dal nucleo familiare, magari semplicemente dormendo sul divano, tornando dai genitori o cercandosi un albergo. Anche soltanto trovarsi faccia a faccia con il partner, diviene difficile.

A tutto ciò, si aggiunga che spesso il partner tradito rinfaccia al traditore il suo comportamento: "Lo sai, è tutta colpa tua! Hai rovinato la nostra famiglia!".

Questi comportamenti, del resto molto comuni, finiscono per distruggere ciò che il tradimento non era ancora riuscito a lacerare. Sono la via più breve per il divorzio o la separazione.

2.3.2 Non tutti soffrono in modo uguale

Quando parliamo di reazioni al tradimento, parliamo in un senso piuttosto generale.

Com'è ovvio, non tutte le reazioni sono identiche ed è pressoché impossibile classificarle senza rifarsi ai casi singoli e alle singole relazioni. Così, la reazione al tradimento dipende anche da:

1) Tipo di relazione con il partner.
2) Credenze personali dell'individuo.
3) Vulnerabilità del singolo.

Eccetera.

Se una relazione è stata costruita in maniera sana, è più facile che il tradimento venga affrontato in modo altrettanto sano.

Se invece la relazione è diventata l'unica fonte di soddisfazione nella vita di un individuo, è probabile che il tradimento arrivi a sconvolgere l'intera vita di chi lo affronta.

"Ho perso tutti gli amici. Stavamo sempre insieme: non avevamo altri interessi al di fuori della coppia".

Quando è questa la situazione dei miei pazienti, il lavoro è naturalmente più lungo e complesso. Ma non solo: il tradimento si rivela allora l'occasione per rivedere i propri valori e anche i propri obiettivi di vita.

Un tradimento può essere fonte di grande dolore, certo, ma quando arriva a minare la nostra identità personale, è anche un campanello d'allarme che ci dice: "C'è qualcosa che non va". E come ogni crisi, nasconde delle opportunità.

Ogni volta che ci troviamo in una relazione, dobbiamo essere in grado di equilibrare gli obiettivi relazionali con obiettivi che ci definiscono in quanto individui.

Il mio rapporto con il partner può essere sicuramente una parte importante della mia vita, ma non può essere l'unica e non può precedere il mio benessere personale.

Il tradimento può quindi essere un'opportunità per riscoprirsi e ricostruirsi.

2.4 Cosa bisogna fare dopo un tradimento?

Finora, abbiamo parlato delle reazioni più comuni al tradimento. Come già visto, sofferenza, pensieri e dubbi ossessivi, vergogna, senso di colpa, stigma sociale, sono solo alcune di queste.

Assecondare la sofferenza è fondamentale, ma altrettanto importante è farlo nella maniera corretta. Quando mettiamo in atto soluzioni disfunzionali, ad esempio attraverso i metodi d'indagine o l'aggressività, stiamo semplicemente fornendo nuovo nutrimento alla sofferenza.

In questo modo, entreremo in un circolo vizioso che finirà per generare nuovi conflitti e spingerci verso la separazione.

Nella mia esperienza, la maggior parte delle coppie che vive un'esperienza di tradimento ha ancora il desiderio di stare insieme. Spesso, tale desiderio viene spento o messo in secondo piano proprio dall'incapacità di affrontare la situazione.

Per prima cosa, bisogna quindi svolgere un esercizio di consapevolezza e rispondere alla seguente domanda:

"Ho voglia di provare a ricostruire la mia relazione con il partner?".

La risposta, se stai leggendo questo volume, è probabilmente positiva.

2.4.1 Cosa deve fare (subito) il partner traditore

È utile indagare il motivo per cui c'è stato il tradimento, per elaborarlo e per comprendere cosa sia giusto fare nei confronti della propria vita e del proprio partner. In altre parole, c'è una grossa differenza tra il tradire per un bisogno d'avventura e il tradire perché il partner ci rende infelici.

Un esercizio che faccio fare spesso ai miei pazienti è un compito autobiografico, che risulta utile per fare chiarezza sui passi che hanno portato ad un atto così forte.

"Qual è stato il motivo che ti ha spinto a compiere un gesto così forte? Si è trattato di spirito d'avventura o c'erano ragioni più profonde?".

"Adesso, scrivi su un diario o su un foglio tutto quello che ti viene in mente. Cerca di concentrarti sulle ragioni che ti hanno portato al tradimento.

Potrebbe trattarsi di dettagli senza importanza: un rifiuto, un'occasione di stare insieme buttata al vento, incomprensioni eccetera.

La prossima volta che ci incontreremo, discuteremo di quello che hai scritto".

Si tratta di un esercizio semplice, che è possibile svolgere anche da soli. Ti aiuterà a dare un senso al tradimento e a cominciare il tuo percorso di guarigione.

Prima Mossa: Assumersi la responsabilità

Adesso, dopo l'esercizio autobiografico, dobbiamo guardare in faccia la realtà delle cose.

"Hai tradito perché non ti sentivi compreso dal partner, forse perché lui rifiutava costantemente le tue offerte emotive o magari perché sentivi il bisogno di fare nuove esperienze. In ogni caso, il fatto rimane: invece di dialogare con il partner per spiegargli cosa non andasse, lo hai tradito instaurando un rapporto con una terza persona".

La persona che ha tradito, deve quindi essere in grado di assumersi le responsabilità dell'accaduto. non deve farlo solo con un professionista, ma anche con il partner tradito.

Non si tratta di un compito facile: di fronte all'ammissione delle proprie colpe, troppo spesso si cercano scappatoie e giustificazioni.

"Io ti ho tradito, è vero, ma tu mi facevi sentire invisibile e indesiderato".

Una tale modalità comunicativa, porterà solo nuovi conflitti all'interno della coppia. Bisogna dunque assumersi la piena responsabilità del tradimento, per poi ricostruire una relazione nuova, libera dai presupposti che hanno portato all'infedeltà.

Seconda Mossa: L'ascolto

Anche se è difficile, nella fase che segue la scoperta del tradimento, è importante sia ascoltare, che essere onesti.

È un momento molto doloroso, in cui il partner che ha tradito deve affrontare le conseguenze dell'infedeltà. Toccare con mano il dolore che ha causato, è un momento di grande sofferenza.

Il tradimento, ormai, è avvenuto ed è stato scoperto o comunicato. Inutile arrampicarsi sugli specchi: nel momento in cui la fiducia si è incrinata, è meglio ammettere le proprie colpe e impegnarsi a rimediare. Come abbiamo detto all'inizio, il tradimento è estremamente comune, e forse non è nemmeno la prima volta che ti è successo.

In questo momento, è importante che si apra una discussione produttiva intorno al tradimento. Sii onesto/a e rispondi alle domande del partner tradito. Non scendere in dettagli dolorosi, ma accogli il bisogno dell'altro di sapere esattamente com'è andata.

Preparati a rispondere a domande come: "Perché l'hai fatto?" "Quante volte è successo?" "Dov'è successo?" "Cosa ti ho fatto mancare?". Sono certo che pensare di rispondere a queste domande, magari tra le lacrime, non sia una bella prospettiva. Eppure, se vuoi ricostruire la fiducia nella tua relazione, è necessario che il partner conosca ciò che è successo e perché. Questo è un modo efficace di ripartire da un fondamento d'onestà.

Terza Mossa: Comprendi e mostra le tue emozioni

Dopo un tradimento, non è sempre facile capire quello che si sta provando. Si potrebbe essere confusi, incerti, addirittura incapaci di agire e tentati di fuggire dalle difficoltà. In alternativa, si potrebbe essere incapaci di ammettere le proprie emozioni per vergogna o per paura di mostrarsi vulnerabili.

Nonostante questo, il partner traditore deve sforzarsi di comprendere le proprie emozioni e di esprimerle nella maniera corretta. Se vuole recuperare la relazione perduta, è probabile che provi un intenso rimorso.

Il partner non può conoscere le tue emozioni se non gliele comunichi. Non è sano pensare che sappia cosa stai provando se non ti esprimi in maniera chiara e corretta: "Provo rimorso, perché mi dispiace aver compiuto questo gesto". O anche: "Sono davvero pentito e amareggiato per quello che ho fatto".

Attenzione: mostrare rimorso non vuol dire semplicemente "chiedere scusa" e promettere che non risuccederà. Comunicare il pentimento è: guardare negli occhi il proprio partner per dirgli che si è sinceramente pentiti; che il tradimento è stato un grave errore; che non si voleva ferirlo e che ci si prenderà la responsabilità delle proprie azioni.

2.5 Ancora dalla parte del traditore

Prima di passare dalla parte del tradito, continuiamo a parlare del traditore. A conti fatti, il suo contributo è fondamentale per la ricostruzione di un rapporto di coppia solido e fondato sulla fiducia.

Un altro passo fondamentale, che spesso viene dato per scontato, è quello di chiudere il rapporto extra-coniugale. Ciò potrebbe essere difficile: come sappiamo, i rapporti con gli amanti possono essere costruiti attraverso un forte investimento emotivo. In questo momento, è fondamentale fornire al partner rassicurazioni e dimostrazioni di onestà. Per farlo, è talvolta necessario rinunciare ad una parte della propria privacy.

Se il partner tradito sospetta che la nostra relazione coniugale non sia stata del tutto interrotta, dobbiamo fornirgli le prove contrarie.

In primo luogo, quindi, dobbiamo assicurarci di tagliare qualsiasi rapporto con l'amante. Se abbiamo davvero intenzione di recuperare la nostra relazione, dobbiamo anzitutto agire nella più completa trasparenza.

Dopo la chiusura del rapporto extra-coniugale, la regola rimane la stessa: nessun contatto, nessuna piccola trasgressione e nessuna omissione. Qui voglio precisare, per nessun contatto intendo anche nessuna visualizzazione dei social o di qualsiasi altro materiale che possa ricordare l'amante. L'aspetto del tagliare i ponti, oltre che essere funzionale alla ricostruzione della fiducia, è anche d'aiuto al distacco emotivo fra traditore e amante.

Accettare gli alti e bassi.

"Ho fatto tutto quello che dovevo. Ho chiuso la relazione, ho espresso il mio rimorso, ho ascoltato il partner, ma a volte vengo ancora trattato come un traditore".

Ricorda: dopo un tradimento, gli alti e bassi sono all'ordine del giorno. Non puoi pretendere che la confessione e l'ascolto bastino a rimettere in piedi una relazione. Il tuo partner, probabilmente, sta sperimentando un enorme carico di sofferenza emotiva. A volte, rivive l'accaduto sotto forma di flashback. Altre volte, sta sveglio di notte a rimuginare sulla persona con cui l'hai tradito, pensando alle menzogne che hai raccontato, magari costruendosi immagini dei vostri rapporti sessuali e confrontando le proprie qualità, la propria bellezza, la propria capacità d'ascolto con quella dell'amante.

Questa sofferenza, potrebbe portarlo ad assumere atteggiamenti conflittuali o a chiudersi in se stesso. Quello che devi fare, è accettare gli alti e bassi ed essere il più accogliente possibile.

Se il tuo partner oggi è arrabbiato, triste, sconsolato, non insistere cercando un'immediata soluzione: dagli tempo affinché le sue ferite comincino a rimarginarsi.

In studio, in questo senso, il lavoro che faccio coinvolge da un lato la coppia e da un lato i singoli: gli esercizi con il partner tradito serviranno proprio a limare gli alti e bassi e a prevenire i comportamenti disfunzionali dettati dal rancore e dalla rabbia.

Rassicura il tuo partner

Dopo un tradimento, molte persone vivono un fisiologico crollo della fiducia. Non riescono più a fidarsi del partner, hanno paura di essere traditi di nuovo, hanno paura delle persone che potresti incontrare o degli atteggiamenti che potresti tenere.

Le rassicurazioni, in genere, non sono soluzioni funzionali nell'ambito delle relazioni interpersonali, ma possono esserlo in una situazione drastica e dall'equilibrio tanto sottile come quella che segue un tradimento.

Se il tuo partner ha bisogno di rassicurazioni, forniscile. Se ha timore che tu veda ancora il tuo amante, sebbene tu abbia già chiuso la relazione, spiega di nuovo le tue intenzioni e i tuoi sentimenti a riguardo.

In questa fase, i pazienti incontrano difficoltà soprattutto nella gestione della rabbia. All'ennesima richiesta di rassicurazione, potrebbero cioè adirarsi e diventare aggressivi col partner tradito.

Niente di più sbagliato. Ricorda: hai commesso un errore, e per riparare, devi scendere a patti con la realtà delle cose. Solo in questo modo, nei tempi giusti, potrai ricostruire la fiducia perduta.

Ricostruisci la fiducia a partire da zero

Impegnati a riconquistare la fiducia dopo il tradimento: se tu e il partner avete deciso di continuare a stare insieme, è normale passare per un periodo di ricostruzione. Purtroppo non è un processo che accade dall'oggi al domani, ma richiede impegno, tempo e fatica.

Come dicevo, per quanto sgradevole, una parziale rinuncia alla privacy può essere una soluzione funzionale per un primo periodo. Altre strade che devono essere percorse contemporaneamente, sono il mantenere le promesse (soprattutto per quanto riguarda gli orari e le frequentazioni) e, in generale, l'essere affidabili e mostrarsi volenterosi di ricostruire il sentimento, oltre che la fiducia.

Per farlo, proponi al tuo partner di costruire nuovi ricordi assieme. Proponigli, cioè, di ritagliarvi del tempo soltanto per voi.

Passare tempo con il partner

Altrove, ho già parlato dell'esercizio delle piccole avventure. Si tratta di un esercizio che si può svolgere da soli, in determinati casi, o in coppia, come nel caso del tradimento.

L'esercizio funziona grossomodo così:

"Per ricostruire un sentimento nuovo, e più profondo, proponi al partner di vivere assieme delle piccole avventure.

Si tratterà di avventure straordinarie o ordinarie: andare a fare una gita fuori porta, andare a cena, andare a quella mostra che volevate vedere da tanto tempo. Ogni settimana, proponi al partner di concedervi mezza giornata soltanto per voi. Questi momenti di intimità serviranno a ricostruire una passione e una connessione che da tempo sembrava perduta".

Durante questi momenti di intimità, è possibile che il tuo partner si mostri aggressivo o scostante. Non c'è niente di strano: durante le fasi che seguono un tradimento, i comportamenti disfunzionali sono piuttosto comuni.

Da parte tua, devi sforzati di mantenere la calma anche in queste situazioni e di impostare il dialogo nella maniera più corretta possibile.

"Capisco cosa tu stia provando. Mi dispiace molto. Non ti va, per oggi, di provare a goderci questo momento? Potremo parlare dell'accaduto anche stasera, o domani, quando saremo a casa e fuori dalla nostra piccola avventura".

Imparare a dialogare

Tutte queste soluzioni condividono un aspetto fondamentale. Si tratta dell'apertura al dialogo: la capacità di mantenere un dialogo sano, incentrato sulle emozioni e sulla risoluzione dei conflitti.

Per farlo, dobbiamo essere in grado di disinnescare le bombe: di rendere innocui quei momenti di tensione che, se trattati nel modo sbagliato, potrebbero sfociare in un drammatico litigio. La base sulla quale costruire questa abilità da artificiere è la gentilezza.

Lasciami fare un esempio:

Dopo l'accaduto, tu e il tuo partner siete nel bel mezzo di una discussione. Lui/lei è carico di rabbia e tu hai il dubbio che potreste iniziare a litigare. Magari avete organizzato un giorno al mare, e, proprio oggi, ha tirato di nuovo fuori la storia del tradimento.

Quello che ti chiedo è di mettere "in pausa" il conflitto e di tornare a parlare con il partner quando ti sentirai capace di farlo. Dirai, ad esempio: "Vorrei continuare questo discorso e ascoltare le tue ragioni. Prima, però, ho bisogno di tranquillizzarmi. In questo momento sono troppo agitato e rischierei di arrabbiarmi o rispondere male".

Ora, stai per un po' da solo e cerca di tranquillizzarti. Perché questo avvenga, sono necessari almeno una ventina di minuti. Se le discussioni diventano velocemente accese e temi di non riuscire ad utilizzare una formula verbale, puoi anche accordarti con il partner su di un gesto che funga da "time-out".

Quando ti senti pronto, potrai tornare a dialogare con il partner. Saper interrompere i conflitti quando si è assaliti dalla rabbia, non significa abbandonare i conflitti e lavarsene le mani:

significa saper anticipare il conflitto attraverso l'uso della gentilezza e della maturità emotiva.

A questo punto, spiega al tuo partner che hai voglia di ascoltare le sue emozioni. In seguito, esprimi coerentemente le tue. Per farlo, puoi utilizzare questo metodo pratico: colui che comincia a parlare, una volta riacquistata la calma, non deve farlo accusando il partner. Deve, invece, utilizzare prevalentemente l'espressione: io mi sento / io penso / io percepisco questa emozione. Deve cioè cominciare a parlare dei propri sentimenti e non dei comportamenti del partner.

Adesso, uno dei due spiegherà quello che ha provato mentre l'altro si limiterà ad ascoltare. L'ascoltatore farà poi delle domande al narratore, cercando di comprendere esattamente che cosa intendesse dire. Così, alla fine, l'ascoltatore potrà comprendere le motivazioni per cui il partner si è comportato in una certa maniera. Dopo il primo turno, vi invertirete: l'ascoltatore diventerà il narratore, e il narratore diventerà l'ascoltatore.

Dopo l'espressione ("Io mi sono sentito, io ho pensato"), viene il processo di ascolto.

Dobbiamo cioè ascoltare il partner ferito e accogliere la sua richiesta. Solo così, in seguito, anche lui potrà prestare attenzione e comprendere le nostre emozioni e le nostre motivazioni. In linea di massima, quello che stiamo facendo è formalizzare il conflitto.

Nota bene: non si tratta di ascoltare l'altro con l'obiettivo di trovare le argomentazioni migliori per ribattere. "Ho capito che ti sei sentita così, ma anche io mi sentivo invisibile! Eccetera eccetera....". Al contrario: si tratta di accettare il modo in cui l'altro possa essersi sentito, indipendentemente dalla nostra idea sulla discussione, sul torto o sulla ragione. In generale, questo metodo di dialogo, chiamato da Gottman "Soft Startup", andrà utilizzato per ricostruire le basi della relazione.

Soltanto risolvendo i conflitti con il dialogo, evitando di finire nella cascata di Gottman-Rusbult-Glass, si riuscirà a costruire un rapporto sano e fondato su una buona comunicazione.

2.5.1 Gestire il lutto per l'amante

Una relazione extra-coniugale, il più delle volte, viene immaginata come una relazione superficiale fatta di incontri occasionali. Molto spesso non è così: può capitare che un partner traditore abbia serie difficoltà a troncare la propria relazione con l'amante.

Forse la storia va avanti da tempo; forse, i sentimenti sono ormai diventati sinceri e profondi. In questi casi, le motivazioni per cui non si interrompono i contatti, possono essere le più svariate:

- Sei innamorato dell'amante, o magari hai una dipendenza affettiva nei suoi confronti, per cui non riesci a stare senza anche se sei consapevole che non è la cosa giusta da fare per te e la tua famiglia.
- L'amante continua a scriverti. Con la scusa di non voler essere brusco e maleducato, continui a rispondere ai suoi messaggi.
- Non vuoi che l'amante venga ferito senza ragione: in fondo, che colpa ha se sei sposato o se hai un partner?
- Senti la mancanza di una voce amica. Nelle difficoltà di coppia che stai vivendo dopo la scoperta del tradimento, la tua storia extra-coniugale continua a sembrarti un paradiso perduto. Una relazione nella quale ti senti compreso, invece che giudicato.

Molti dei miei pazienti, mi fanno presente questo genere di perplessità. "Vorrei davvero chiudere del tutto con l'amante , ma non ci riesco. Quando mi scrive, rispondo, perché sento di doverlo fare". Oppure: "Non riesco a staccarmici: quando ci provo, inizia a mancarmi troppo".

La perdita di un amante, per quanto ciò possa sembrare assurdo agli occhi del tradito, è dolorosa come la fine di una relazione "classica", se non di più. I sentimenti che si provano sono molto simili. Le reazioni, quasi le stesse. Il partner traditore spesso sperimenta nostalgia, mancanza, dolore e dubbio per ciò che sarebbe potuto essere, senso di colpa verso l'amante: ecco perché, a volte, chiudere sembra così difficile.

Il tema, per quanto complesso, richiede un attento lavoro di gestione del lutto. La prima cosa da fare, come abbiamo detto poco fa, è quella di chiudere ogni tipo di rapporto. Un incontro, o una chiamata: "La nostra storia finisce qui. Ho deciso di ricostruire la relazione con il mio partner. Per favore, non cercarmi più".

So che probabilmente non vuoi ferire il tuo amante, ma è necessario che tu faccia una scelta univoca se hai davvero voglia di rimettere insieme i pezzi della tua relazione primaria.

D'altronde, nessuna storia può essere chiusa per gradi: ad una relazione si dice sì o si dice no, e in questo non esistono vie di mezzo.

Dopo la chiusura, è probabile che sperimenterai una certa sofferenza emotiva. Tale sofferenza, è necessaria per ricreare la fiducia all'interno del tuo matrimonio o della tua relazione ufficiale. Se ricevi un messaggio o una chiamata dal tuo ex-amante, hai il dovere di comunicarlo al tuo partner. Se hai la tentazione di contattarlo, cancella il suo numero dal telefono e scrivilo su un pezzo di carta.

Quel pezzo di carta, nascondilo sul fondo di un barattolo. Così che ogni volta che sentirai il desiderio di contattarlo, avrai più tempo per riflettere sulla cosa giusta da fare. Invece di sbloccare il cellulare e scrivere un messaggio, sarai costretto ad aprire la credenza, prendere il barattolo, svuotarlo, trascrivere il numero... e cambiare idea sul gesto che stai per compiere. Si tratta di un trucchetto semplice, che per esperienza può rivelarsi molto efficace.

2.5.2 Gestione del dolore

Al di là di quello che il partner traditore deve fare per il rapporto, mi piacerebbe sottolineare anche quello che deve fare nei confronti di se stesso.

Come già detto, si sbaglia quando si pensa che la sofferenza riguardi solo il partner tradito: anche il traditore vive momenti di grande dolore e di enorme difficoltà. Questi momenti, non di rado, finiscono per trasformarsi in disprezzo verso di sé. Il disprezzo non aiuta la ricostruzione del rapporto. Anzi, amplifica gli atteggiamenti conflittuali. Così mi viene riferito da molti dei miei pazienti:

"Dopo il tradimento, ho vissuto un periodo di confusione. Sapevo che la cosa da fare era tornare insieme al mio partner, rimettere insieme i pezzi. Ma dentro... covavo un dolore sordo. Un disprezzo verso me stesso che non potevo spiegare a nessuno. Appena ne parlavo, venivo deriso o sminuito: in fondo, ero io ad essere il traditore!".

Colui che ha tradito, oltre a non potersi confidare, vede d'un tratto distrutta l'immagine che aveva di sé. Era un buon padre, magari un buon compagno, forse un buon marito: e ora, cos'è?

Un traditore, che ha distrutto per una stupida avventura un intero nucleo familiare.

Questa visione delle cose è inutile e dannosa.

Inutile: quando mi considero un mostro e un traditore, non faccio nulla per migliorare le cose. Mi abbandono all'autocommiserazione. Magari, passo le mie giornate a piangere sul latte versato.

Dannosa: per me e per il rapporto. Per me, perché mi spinge dritto verso una depressione reattiva; per il rapporto, perché mi rende incapace di agire con lucidità e di determinare il peso delle mie responsabilità.

Tradire rappresenta la rottura di un accordo. Questo può ferire enormemente chi amiamo, ma è un gesto umano. Si tradisce, il più delle volte, perché si vive un momento di debolezza e di bisogno: non per una qualche forma di crudeltà nei confronti di quelli che amiamo. Maturità emotiva significa anche questo: dare il giusto peso ai nostri errori senza minimizzarli ("è solo colpa tua") o estremizzarli ("sono un mostro").

2.5.3 La collaborazione tra partner

Poco fa, parlando del dialogo tra partner, abbiamo implicitamente enunciato un principio fondamentale. Il principio è grossomodo il seguente:

- Dopo il tradimento, i partner devono allearsi in vista della costruzione di una nuova relazione amorosa.

Cosa significa? Mettiamo caso che tu sia il partner che ha tradito. Ti sei sforzato di compiere ogni passaggio nel modo corretto.

Hai quindi ammesso le tue responsabilità e le tue colpe, ti sei offerto di ascoltare, hai espresso il tuo rimorso, hai cercato in ogni modo di ricostruire la tua fiducia accettando alti e bassi... eppure, col tuo partner è ancora guerra aperta.

Questo può accadere per svariate ragioni. La maggior parte delle volte, accade perché uno dei membri della coppia non è davvero pronto a superare l'accaduto. Anzi, perché non si sforza di superarlo e mette in atto comportamenti disfunzionali.

In questo caso, se tu hai davvero rispettato tutti i passaggi, è possibile che i conflitti siano inizialmente innescati dal partner tradito. Ecco perché è necessario, per ricostruire davvero una relazione, cominciare un percorso di terapia di coppia.

2.6 Dalla parte del tradito

Sappiamo già cosa si trovi da questa parte dell'esperienza. Anzitutto, una profonda sofferenza emotiva, che non di rado si mischia ad un generico senso di vergogna e di umiliazione.

Se il partner traditore provava vergogna per il gesto compiuto, il partner tradito prova vergogna per il gesto subito: "Come mi vedranno gli altri? Come mi sto facendo trattare?" sono solo alcune delle frasi che sento ripetere più spesso. A volte, questo sentimento di vergogna può trasformarsi in rabbia nei confronti del partner e nella generazione di situazioni di conflitto.

Quindi, torniamo per un attimo al dolore.

Il dolore emotivo del partner tradito è profondo e, a prima vista, irrisolvibile. Non si tratta infatti del semplice dolore di una perdita, ma del dolore di un lutto. Ad essere morta, in questo caso, è la fiducia che una persona riponeva nel proprio partner. Le sensazioni più comuni sono allora le seguenti:

- L'impressione che la realtà sia cambiata da un momento all'altro. Che la nostra vecchia vita sia scomparsa nel nulla per lasciare spazio ad un vero e proprio incubo.

- Che non ci sia soluzione all'accaduto: non potremo mai più fidarci del nostro partner e costruire una relazione con lui.

In effetti, si tratta anche di un dolore irrazionale difficilmente descrivibile a parole: è come ritrovarsi in una stanza vuota e priva di gravità, senza più alcuna certezza a parte quella del dolore che ci segue da mattina alla sera. Chiunque abbia vissuto una tale esperienza, saprà benissimo di cosa sto parlando.

I partner traditi, subito dopo la scoperta, possono reagire in modi diversi tra loro. Lo abbiamo detto: alcuni si estraniano dalla realtà per fuggire dal dolore, altri ancora si svegliano piangendo e non riescono a mangiare neanche un boccone, altri non riescono ad uscire di casa o a vedere anima viva.

Non c'è niente di strano: in questa fase, quello che dobbiamo fare, è anzitutto imparare a gestire il dolore attraverso quelli che chiamo "metodi di sopravvivenza". Strumenti, cioè, che mi permettano di approcciare il dolore in maniera sana e costruttiva.

Chi ha subito un tradimento, vorrebbe guarire il più in fretta possibile. Vorrebbe svegliarsi e dire: "Ok, non mi importa più nulla. Mi farò un'altra vita". Oppure: "D'accordo, dimenticherò l'accaduto e andrò avanti col mio partner". Purtroppo, la guarigione non funziona così. Si tratta di un processo talvolta lungo e complicato.

Potremmo sintetizzare lo stato emotivo che solitamente prova una persona tradita appena scoperto il tradimento, con una parola: "tormento". Il partner tradito dev'essere il più indulgente possibile nei confronti di se stesso. Non riesce ad uscire di casa e piange dalla mattina alla sera? Non c'è niente di strano. Potrebbe allora cominciare a proporsi dei piccoli compiti per uscire dalla fase di stallo: alzarsi per andare in cucina, prepararsi il pranzo, fare una piccola passeggiata e via dicendo.

A volte, consiglio ai miei pazienti di tenere un piccolo diario. Nel diario, potranno classificare il loro stato su una scala da dieci a zero, per cercare le strategie per fare un piccolo passo in avanti.

Fatti questa domanda: "Se stanotte, mentre dormo, avvenisse un miracolo che mi facesse perdonare il tradimento e questa storia fosse acqua passata, cosa farei? Da cosa me ne accorgerei? Come sarebbe diversa la mia giornata? Come se ne accorgerebbero gli altri?". Descrivi estensivamente questo scenario, e chiediti: "Se la piena realizzazione di questo futuro che desidero rappresentasse il decimo gradino di una scala, e zero rappresentasse la posizione più distante da questo futuro, dove mi collocherei?". In ultimo, descrivi da cosa ti accorgeresti se fossi un gradino più in su. Di nuovo, descrivi questo scenario in modo ampio, preciso, il più concreto possibile. Ad esempio, se parti da 2, chiediti: "Da cosa mi accorgerei se domani fossi a 3? Qual è il primo piccolo passo di cui avrei bisogno per iniziare a migliorare?". Ritorna a questo diario ogni settimana e ripeti il compito. Non ti scoraggiare se non vedi miglioramenti, ma impegnati di più nel descrivere il futuro che desideri, in modo sempre più pratico.

2.6.1 Normalizzazione del dolore

Come dicevo, in questa fase il partner tradito vive un dolore molto acuto. Per molte persone, è difficile accettare di trovarsi in una situazione del genere. "Mi ha tradito, e io sono qui a piangere dalla mattina alla sera. Che idiota!".

Oltre a soffrire per il tradimento, il partner tradito si ritrova anche a soffrire per il fatto stesso di soffrire. Il dolore è spesso visto come un sintomo di debolezza o del fatto che ci sia qualcosa che non vada. Si tratta di uno dei miti più comuni e condivisi della società moderna; altrove, l'ho chiamato "il mito della felicità", che suggerisce che:

1) Lo stato naturale degli esseri umani dovrebbe essere la felicità.
2) Se io soffro, significa che qualcosa in me non va come dovrebbe.
3) La sofferenza è indice di una condizione debole o malsana.

In realtà, soffrire per un tradimento o per una delusione è una reazione assolutamente normale. Non solo: è indice del fatto che la persona era coinvolta emotivamente nella sua relazione e che ha bisogno di tempo per riprendersi dalla scoperta.

Purtroppo, non esiste una formula magica per liberarsi dal dolore. Non meravigliarti se avrai pensieri del tipo:

- Il mio partner ha tutta la colpa.
- Io sono colpevole di non averlo capito.
- La mia relazione è finita per sempre.

O anche:

- Non è vero, non posso credere che mi abbia tradito/tradita.

Quest'altalena emotiva è molto comune nei giorni che seguono la scoperta. Di più: l'altalena emotiva implica una fondamentale incapacità di accettare l'accaduto. Il cervello impiega tempo per abituarsi alle situazioni nuove. Subito dopo il tradimento, potresti vivere dei momenti di sconforto e addirittura di panico. "Non riuscirò mai ad accettare l'accaduto". "Mi sembra tutto finto, è come se fossi dentro un incubo".

Eppure, il nostro cervello è un organo che si adatta: col passare dei giorni, delle settimane, o degli anni, l'evento del tradimento non ti sembrerà più così assurdo e shockante come ti appariva all'inizio. Verrà metabolizzato e causerà sempre meno dolore.

Lo stesso accade per svariate situazioni della nostra vita. La più simile alla condizione post-tradimento è quella del lutto. Esiste forse una formula magica per liberarsi del dolore di aver perso chi amiamo? Solo il tempo, la pazienza, il coraggio, possono a poco a poco abituarci ad un pensiero tanto terribile.

I miei consigli, per rapportarci in questa prima fase, sono quindi i seguenti:

1) Accetta il dolore che sperimenti. Se ti viene difficile ammettere di aver subìto un tradimento, non sforzarti di farlo adesso. Sarà il tempo ad aiutarti a ottenere questa consapevolezza.

2) Sii indulgente verso te stesso/te stessa. La sofferenza emotiva che segue il tradimento è enorme e difficile da sopportare.

3) Datti dei piccoli compiti quotidiani: tali compiti, ti renderanno consapevole dei tuoi miglioramenti.

4) Non forzarti a fare tutto da solo: se hai bisogno di aiuto, esistono dei professionisti che possono aiutarti.

2.6.2 Il seguito della storia

Entriamo così in una fase critica, in cui il partner tradito deve comprendere la situazione in cui si trova e fare una scelta. O, almeno, progettare di farne una.

"Voglio provare a superare questo evento o voglio rompere il mio rapporto con il partner?".

"Voglio sforzarmi di recuperare la mia relazione o metterci una pietra sopra?".

Spesso, le persone non credono che sia possibile ricostruire un rapporto di fiducia. Eppure, ti ho già detto il contrario: è possibile ricostruire, con il partner traditore, una relazione nuova e più solida proprio a partire dal fatto del tradimento. Di questo, tuttavia, parleremo nel Capitolo Terzo.

Intanto, su un foglio, cerca di rispondere in modo dettagliato alla domanda a cui ho accennato prima, indicandone anche le motivazioni: "Voglio provare a superare questo evento o voglio rompere il mio rapporto con il partner?".

Dopo aver spiegato il perché, parla anche degli ostacoli che hai paura di poter incontrare. Potrebbero ad esempio essere:

- Ho paura di essere tradito/tradita di nuovo dal partner.
- Ho paura di non poter più ricostruire un rapporto basato sulla fiducia.

- Ho paura di odiare e portare rancore verso il mio partner.

L'esercizio ti aiuterà ad assumere consapevolezza della tua situazione attuale, così da comprendere quale sia la maniera migliore per affrontarla.

2.7 Cosa deve fare il tradito

Se la risposta alla domanda fatta nel precedente paragrafo è sì, per cui la persona tradita vuole recuperare o ricostruire il rapporto, ci sono alcune cose che deve subito cominciare a fare. Queste, da un lato, lo aiuteranno a sopportare il pensiero del tradimento; dall'altro, cominceranno a rimettere insieme i pezzi della relazione con il partner.

Se il partner traditore doveva cominciare con l'assumersi delle responsabilità ed ascoltare, il partner tradito deve invece esprimere i propri sentimenti e i propri pensieri con il coniuge.

Non è un compito facile: a volte, la risposta che appare più funzionale al dolore è proprio quella del silenzio. A volte, il "far finta di niente" può aiutare se prescritto in un contesto clinico (come ad esempio, da uno psicologo). Farlo da soli, senza le competenze per gestire questo tipo di situazioni, rischia invece di amplificare la sofferenza e le sensazioni negative.

Primo compito, quindi: condividere con il partner le sensazioni che si provano e il dolore che si sperimenta.

"E se il partner non volesse ascoltare? E se si rifiutasse di ascoltare come mi sento?".

Come ho già spiegato in precedenza, lavorare con entrambi i partner è in questo senso fondamentale:

- Durante le sedute individuali, illustro al partner traditore la necessità dell'ascolto.
- Al partner tradito la necessità dell'espressione.
- Ed ecco che, magicamente, gli ingranaggi cominciano a girare.

Ovviamente, per il partner traditore, non sarà facile ascoltare e prendere coscienza della tua situazione. Potrebbe sentirsi accusato, incompreso, o anche solo sperimentare vergogna e senso di colpa. Se lo vedi con lo sguardo basso, o se ti accorgi che vorrebbe soltanto girarsi e andare via, non prenderlo come un segno di disinteresse. Prova invece a comprendere le emozioni che sta provando.

Come ti sentiresti, tu, se avessi tradito il tuo partner?

Riusciresti a guardarlo negli occhi o sperimenteresti un grande senso di colpa?

Se avete figli, il mio consiglio è quello di evitare qualsiasi discussione di fronte a loro. Evitate, altresì, di parlargli dei vostri problemi di coppia o di giudicare negativamente il vostro partner in loro presenza.

Molte persone, hanno perplessità in merito: "Mio figlio ha vent'anni, è grande, credo che possa comprendere questo genere di cose!". Può comprenderle, è vero, ma queste cose non lo riguardano: potrebbero inoltre gettare una cattiva luce sulla figura paterna o materna e creare problematiche di diversa natura.

Se hai bisogno di parlarne con qualcuno, al di fuori dello specialista, cerca di preferire amici e/o familiari adulti. In generale, la socializzazione del problema non è una soluzione, ma nella fase del dolore acuto una forma di conforto può essere utile per non sentirsi soli.

Ricorda bene: quando scegli con chi discutere del tradimento, prediligi sempre persone che siano dalla parte del matrimonio o della relazione, e non solo dalla tua parte.

Un'amica o un amico, nel tentativo di aiutarti e vedendoti soffrire, potrebbe consigliarti a priori di lasciare il partner e cominciare un'altra vita. In questo modo, non farebbe altro che causare confusione, dato che abbiamo spesso l'implicita intenzione di provare a ricostruire il rapporto.

"Ti ha umiliata/umiliato. Veramente vuoi starci ancora insieme?".

Le persone con cui ci confidiamo, in genere, hanno buone intenzioni, ma non sono ovviamente in grado di comprendere la complessità della vostra relazione con il partner. E quindi? Con chi parlarne? Ovviamente, per quanto ciò possa sembrare difficile, proprio con colui o colei che ha compiuto il tradimento.

2.7.1 Parlare con il partner

Parlarne con il partner non significa, come fanno molti, gridargli in faccia quanto sia stato subdolo e infame. Significa, invece, aprire una discussione sana che abbia come scopo l'espressione delle emozioni che proviamo.

Ogni volta che offendi il partner, o che lo fai sentire in colpa per il suo gesto, rischi di farlo chiudere di più in se stesso. Inconsapevolmente, il suo pensiero diventerà a poco a poco il seguente:

- Se parliamo, mi offende e io soffro.
- Dunque, non parlerò più.

In questo modo, avrai perso insieme la possibilità di ricevere un conforto e quella di confrontarti sull'accaduto.

Domandati allora: che cosa cerchi, veramente, quando provi ad avere un dialogo aperto con il partner? Probabilmente, cerchi rassicurazioni e al contempo vuoi provare a fargli capire come tu possa esserti sentito/a.

Quello che probabilmente vorresti è la comprensione del tuo stato d'animo.

La prima cosa da fare, allora, è capire quale sia il tuo stato: provi tristezza? Provi rabbia? Provi, forse, incredulità?

Una volta comprese le nostre emozioni, dobbiamo sforzarci di esprimerle a parole e di farlo trasparire in modo chiaro ed efficace.

A volte proviamo diverse emozioni ed esprimiamo solo le più distruttive. Per esempio, se ci sentiamo arrabbiati e tristi potremmo dire: "Sono arrabbiato e provo tristezza perché mi hai tradito. Sono confuso perché non capisco il motivo delle tue azioni". Questa frase è sovente ridotta a: "Sei uno stronzo infedele!". La prima frase esprime i sentimenti che la persona tradita sta sperimentando; la seconda, è meno precisa e sicuramente più aggressiva.

Ogni volta che permettiamo inconsapevolmente questi errori di espressione, stiamo entrando nel circolo del conflitto: di tutta risposta, il nostro partner ci offenderà a sua volta, ci accuserà, o semplicemente volterà le spalle e uscirà di casa.

2.7.2 Parlare in prima persona

Come ho già consigliato di fare al partner traditore, lo consiglio anche al partner tradito: quando avvii una conversazione sull'argomento tradimento, assicurati di farlo parlando in prima persona.

Invece di dire: "Tu hai fatto", "Tu hai rovinato", comincia con il dire: "Io mi sento", "Io penso che". In questo modo, eviterai gran parte delle discussioni sterili causate da un'errata maniera di comunicare. Si tratta di usare una parte della tecnica del Soft Start-up, per la cui analisi ti rimando ai paragrafi precedenti.

Ovviamente, anche con le migliori intenzioni, sarà impossibile evitare qualsiasi forma di conflitto. Sarà impossibile gestire ogni conversazione in maniera matura e impeccabile. Sia tu che il tuo partner siete investiti emozionalmente dai vostri dialoghi. Sia tu che il tuo partner, in maniera diversa, sperimentate dolore quando parlate del tema "tradimento".

Ai miei pazienti, consiglio spesso di impostare un tempo-limite per i discorsi sull'argomento. Infatti, è molto più probabile che i partner siano tranquilli all'inizio di una conversazione e che si agitino col passare del tempo.

"Abbiamo cominciato una conversazione con le migliori intenzioni, ma poi, nell'arco di venti minuti, è degenerata".

"Sembravamo tranquilli, ma siamo scattati da un momento all'altro". Insomma, dominare il fattore tempo è fondamentale in queste iniziali e precarie fasi di acuta sofferenza.

Quando parlate dell'argomento tradimento, allora, cercate di impostare un tempo-limite delle conversazioni: mettiamo caso che il tempo-limite sia di 15 minuti. Al termine di quel periodo, cessate la vostra conversazione e domandatevi come sta procedendo. Siete tranquilli? Siete sul punto di litigare?

No? Bene, potete riprendere la conversazione. Sì? Cessate il dialogo e riprendetelo in un altro momento.

In questo modo, oltre ad evitare alcune discussioni, avrete la sensazione di formalizzare il conflitto e di dominarlo, invece che esserne dominati. Ma il fattore tempo è centrale anche da un altro punto di vista:

- Dopo il tradimento, il partner tradito potrebbe tirar fuori l'argomento "infedeltà" in ogni momento.

Questo è, ad esempio, quello che mi ha detto L., una paziente con cui ho lavorato in passato: "Ogni volta che lo vedo, ho bisogno di parlarne. Ho bisogno di rassicurazioni. Ho bisogno di capire per filo e per segno cosa sia accaduto… Lui me ne parla, certo. Il problema è che, più me ne parla, più io ho bisogno di parlarne ancora, e ancora, e ancora…".

Cosa significa?

Significa che la persona tradita, ha naturalmente bisogno di dialogare con il partner sul tradimento e sui sentimenti che si sperimentano. Queste discussioni, però, non possono riguardare tutte le nostre giornate.

A lungo andare, finiremo per torturare il nostro partner, che dal canto suo sta cercando di combattere un'altra battaglia.

Anche adesso, dunque, sforziamoci di definire un tempo-limite in cui gestire l'argomento. Si tratta di una specie di appuntamento chiarificatore.

Appuntamento chiarificatore.

Se le discussioni sono estenuanti e frequenti, tanto da generare solo malessere, puoi utilizzare questo metodo.

Ogni settimana, con il tuo partner, decidi un orario e uno o due giorni in cui avere un chiarimento sull'argomento. Mettiamo caso che i giorni siano il lunedì e il giovedì.

Ogni lunedì, per un'ora, puoi parlare al tuo partner dei tuoi sentimenti e lui ti può parlare dei suoi. Si tratta di una specie di spazio di conversazione, che va a definire formalmente il luogo e il tempo in cui parlare del tradimento.

Finita l'ora di conversazione, gestita sulla base del Soft Start-up e delle tecniche di conversazione guidata di cui ti ho parlato prima, il dialogo deve cessare. La comunicazione deve essere incentrata su altro.

L'esercizio permette di raggiungere diversi scopi:

1) Ti permette di limitare i tempi della discussione, che potrebbero invece essere infiniti e in momenti inopportuni.
2) Rende meno probabile che gli animi si accendano, e che quindi ci sia aggressività perché la discussione non

avviene a seguito di un trigger (in questo caso, potrebbe essere un evento che scatena memorie dolorose), ma è programmata.

3) Fa sì che la relazione non sia tutta incentrata e focalizzata sull'avvenuto tradimento.

4) Permette ai partner di dividere i momenti di dolore e rammarico dai momenti di lento ritorno alla vita normale.

Consiglio di svolgere questo esercizio a tutte le coppie che stanno vivendo un tale momento di difficoltà.

2.7.3 Domandare?

Dopo un tradimento, è normale voler conoscere i dettagli e talvolta addirittura è normale il voler scendere nei particolari. In generale non c'è niente di male: abbiamo detto che il partner traditore ha il dovere di raccontare tutto e con trasparenza, al partner tradito. C'è tuttavia un limite che è spesso fatto rispettare in terapia. Ad esempio, i dettagli degli atti sessuali fra l'amante e il partner sono di solito controproducenti e vanno evitati. Quindi domande del tipo: "Avevi un orgasmo?", "Che posizioni facevate?", "Ti ha mai fatto questo o quello?", sono da evitare. Domande che invece sono lecite potrebbero essere le seguenti:

"Chi era questa persona?". "Dove vi incontravate?". "Perché hai sentito il bisogno di tradirmi?".

Domandare può essere utile per venire a conoscenza dei fatti. Spesso, se un individuo ha bisogno di conoscere i fatti, e non li conosce, non riesce a lasciar andare il passato. Anche in questo caso, però, come dicevo poc'anzi, dobbiamo porci dei limiti.

È normale che tu voglia sapere cosa sia successo. Eppure, attenzione a fare le domande nel modo corretto. Non farti tentare dal voler conoscere i dettagli intimi. Non vuoi costruirti delle immagini del tuo partner che fa sesso con l'amante – e, se chiedi dettagli, sarà difficile scacciare dalla mente dei pensieri così immaginifici.	Puoi però sicuramente chiedere perché. Indagare le motivazioni, in modo aperto, onesto e senza puntare il dito, è l'atteggiamento giusto per evitare che il tradimento venga reiterato. Sii aperto ad ascoltare anche cose che non vorresti sentire. Impegnati ad ascoltare davvero ciò che ti viene detto.

Attenzione, perché se sento il bisogno di fare domande al partner per fugare ogni mio dubbio, alla fine non farò altro che causare ancora più frustrazione. Finirò per pensare al tradimento giorno e notte, ad elaborare dubbi e pensieri sempre più atroci e immaginare scene di intimità molto dolorose.

Quindi, una regola generale: è giusto chiedere per conoscere l'accaduto; dopo che l'accaduto è noto, però, bisogna cercare il più possibile di evitare di fare altri quesiti e scendere nei particolari.

Questo per alcune ragioni fondamentali:

1) Secondo la mia esperienza, posso dire che è impossibile che una persona pensi di conoscere davvero ogni dettaglio. Se questo è il suo obiettivo, le domande non finiranno mai.

2) Più domande vengono poste, più domande viene il desiderio di porre: ecco che potrebbe nascere la necessità di continuare ad assillare il partner in vari momenti della giornata, ritornando continuamente sull'argomento. A questo punto, uno strumento (come quello del raccontare del tradimento) che sarebbe dovuto servire ad andare avanti, diventa un pretesto per restare ancorati al passato.

Anche stavolta, abbiamo a che fare con il funzionamento della nostra mente: una volta che poniamo una domanda, e veniamo rassicurati, abbiamo la tendenza a porne anche un'altra, e così via. In realtà, la rassicurazione è un palliativo, non una cura. Ecco che il domandare, per conoscere la verità, può facilmente trasformarsi in un bisogno patologico non dissimile da quello dei dubbi ossessivi.

Vengo a sapere A, voglio sapere B, ma non appena so B, voglio sapere C.

Ripeto: all'inizio, domandare è lecito e utile nel processo di guarigione. Molti dei miei pazienti, così facendo, hanno la possibilità di togliersi dalla mente delle fantasie spesso peggiori della realtà stessa.

"Mi ha detto tutto. Pensavo anche avesse fatto di peggio. Ha sbagliato, certo, e ancora non sono riuscito/riuscita a perdonare, ma sento che sono sulla buona strada".

La condivisione della verità è così il primo passo per la ricostruzione della fiducia. Ma è anche un'arma a doppio taglio. Quando il mio partner mi racconta la verità, cioè mi racconta degli appuntamenti, delle notti, degli alberghi o magari dei viaggi di lavoro, io comincio ad immaginare queste scene.

Più immagino le scene, più soffro emotivamente: questo non significa che non pensarci sia la giusta soluzione, ma che a un certo punto bisogna mollare la presa. Non saranno le informazioni a farci guarire dal dolore che proviamo; non sarà conoscere questo o quel dettaglio a fare davvero la differenza.

Chi è il mio partner?

Un altro fattore fondamentale, che ci spinge a domandare, è la volontà di ri-conoscere il nostro partner. "Mi ha tradito: non so più chi sia". "Non lo riconosco": sono frasi che sento dire continuamente quando lavoro.

Quando la persona tradita pone le domande, ha in qualche modo il desiderio inconsapevole di riconoscere la persona che gli sta accanto. Il procedimento mentale è più o meno questo:

- Se scopro perché l'ha fatto, o cosa ha fatto nel dettaglio, forse potrò capirlo.

Forse sarebbe utile ricordare che il tuo partner è una persona diversa da te. Una persona che fa scelte che tu non faresti, che sogna cose che tu non sogneresti, che forse legge libri che a te non piacciono nemmeno.

L'impulso a domandare per riconoscere, deve allora essere sostituito da una forma di consapevolezza: "Non capirò mai del tutto perché abbia fatto questa cosa, proprio perché io e lui/lei non siamo la stessa persona. Posso, però, comprendere le motivazioni che lo hanno allontanato da me e fare in modo di aggiustare le cose". Si tratta, in sostanza, di accettare l'incertezza.

2.7.4 Rassicurazioni

Un discorso diverso va invece fatto per le rassicurazioni. Le rassicurazioni non vanno confuse con le domande indagatorie;

bensì con quelle richieste di conferme che spesso si rivelano necessarie dopo un tradimento.

Faccio un esempio: qualche tempo fa, una coppia è venuta a trovarmi in studio. Chiamiamoli "G" ed "F".

G è stata tradita. Ogni volta che F esce con gli amici e fa tardi, lei si sente inquieta e disperata. Niente di strano: F l'ha tradita proprio mentre diceva di essere con gli amici. Ecco spiegati i sospetti di G.

Insomma, una sera F esce con gli amici e fa piuttosto tardi. Ha detto che sarebbe tornato per mezzanotte; invece è l'una e ancora non si è fatto sentire.

G, in preda al panico, prende il telefono e comincia a chiamarlo senza sosta. Una, due, tre, cinque volte: ma niente da fare, F non risponde al telefono. Quando F entra a casa sono le due del mattino. "Mi si è spento il telefono; un amico è caduto dal motorino e ho dovuto accompagnarlo in ospedale!".

G, in preda alla rabbia, comincia subito a urlargli addosso: "Sei un bugiardo, eri con la tua amante! Dimostrami che non è così!".

Questo tipo di situazione è molto comune dopo un tradimento. Il partner tradito, alla minima incongruenza, comincia a sospettare il peggio. Ecco che vengono fuori le accuse e le urla; a volte persino le offese e le lacrime.

Quale dovrebbe essere il comportamento dei partner in una simile situazione? Cominciamo da F.

1) F, il partner traditore, sa o dovrebbe sapere che G sta vivendo un periodo di dolore e di inquietudine. Di più, sa che G potrebbe ragionevolmente sospettare di lui, dato che ha già tradito una volta la sua fiducia e che essa non è ancora stata ricostruita. Quindi: quando si accorge di fare tardi, e di avere il telefono spento, dovrebbe trovare il modo di inviare almeno un messaggio a G per rassicurarla. "Mi si è spento il telefono. Sono con Marco all'ospedale…".

Così, nel primo periodo, le rassicurazioni si rivelano un'arma fondamentale per mantenere un equilibrio di coppia.

2) Dall'altra parte G, con qualche sforzo, dovrebbe cercare di regolare i propri toni e di non mostrarsi accusatoria quando chiede rassicurazioni.

Se F ha fatto tardi, e non ha potuto avvisare, è inutile aggredire. Appare invece più sano spiegargli il modo in cui si è sentita e il modo in cui vorrebbe che lui si comportasse in un prossimo futuro: "Mi sono sentita davvero travolta dal panico. Avevo paura fossi di nuovo con lei. Se farai tardi un'altra volta, ti chiedo solamente di avvisarmi con un messaggio o una chiamata".

Insomma, per quanto riguarda le rassicurazioni il consiglio è questo: chiederle può rivelarsi utile e giustificato nel periodo che precede la ricostruzione della fiducia, a patto che non diventi un meccanismo patologico. Inoltre, la rassicurazione non deve mai trasformarsi in una forma d'accusa.

2.7.5 Comprendersi

Subito dopo il tradimento, il partner tradito potrebbe vivere dei momenti di grande sconforto. Questi momenti, potrebbero fargli concludere quanto segue: "Domandare, chiedere rassicurazioni, migliorare la comunicazione, è inutile: perché alla fine torno sempre al punto di partenza". Non c'è niente di strano: vivere momenti di sconforto e di disperazione è una reazione normale che va gestita nel migliore dei modi.

Mettiamo caso che, un giorno, tu ti senta particolarmente bene. Quel giorno, hai passato del tempo con il tuo coniuge, sei uscito a cena, poi hai comunicato utilizzando le strategie di questo libro per parlare dei tuoi problemi. Ti sembra che tutto sia raggiante e che le cose possano tornare a funzionare.

Il giorno dopo, invece, mentre il tuo partner è al lavoro, cominci a sentirti inquieto e pieno di dubbi.

La consapevolezza che ti invito ad acquisire, è che è assolutamente normale. Soprattutto nei primi periodi dopo quello che spesso è vissuto come un vero e proprio trauma, continuerai ad avere questi dubbi. Il pensiero tornerà al dolore, alla sofferenza, anche nei periodi di "calma".

Accettando questi momenti ed evitando di rifuggirli, potrai finalmente scoprire, dopo un po' di tempo, di viverli sempre più raramente.

Se il dolore è troppo, suggerisco di canalizzarlo utilizzando la scrittura, per mettere fuori da te la sofferenza che porti dentro. Ti invito quindi, nel momento in cui senti che sta arrivando "un'ondata di sofferenza", a iniziare a scrivere cosa pensi, così come lo pensi. Non è importante che abbia una bella forma - né che abbia senso. Scrivi un flusso di coscienza nel momento stesso in cui arriva il dolore, e fermati quando quest'ondata sarà passata. Questa è una soluzione estremamente pratica, che funziona bene con moltissimi dei miei assistiti. Ti suggerisco poi, onde evitare che questo scritto venga letto, di distruggerlo.

2.8 Perdonare

Al di là della gestione del dolore, esistono anche altre azioni che il partner tradito deve compiere per il benessere della relazione.

Una di queste, naturalmente, ha a che fare con l'atto del perdonare.

Quando incontro le coppie, molto spesso sento pronunciare questo genere di frasi: "Sì, ho deciso di rimettere insieme la relazione. Ho perdonato il mio partner, ma non ho di certo dimenticato quello che ha fatto!".

Si tratta di un detto che bene o male conosciamo tutti: perdono, ma non dimentico. Ecco, quest'idea è accettabile solo parzialmente, perché siamo consapevoli che il ricordo non può essere cancellato. Tuttavia, quest'affermazione spesso nasconde una minaccia più o meno implicita. Un po' come dire: "Guarda che me la sono legata al dito, e il tuo tradimento sarà per sempre una spada di Damocle che pende sulla tua testa". Se, dopo la fase del dolore acuto, il partner tradito ha scelto di perdonare il partner traditore, questa scelta dev'essere convinta e coerente. Il ricordo amaro ci sarà sempre, ma non dovrà impedire, nel lungo periodo, una serena vita di coppia.

So quanto a volte possa sembrare difficile: quando il partner sbaglia, o commette un errore, siamo subito portati a rinfacciargli il suo terribile gesto. "Di cosa ti lamenti? Sei tu che m'hai tradito!". "Dici di stare male? Beh, potevi pensarci prima!".

Questo genere di atteggiamento fondato sul rancore, sul lungo periodo conduce ad un allontanamento dei partner e ad un'unica conseguenza: la rottura. Se siamo intenzionati a ricostruire una relazione con il partner, dobbiamo fare in modo che il nostro perdono sia totale e definitivo.

Questo significa:

- Non usare il tradimento come mezzo per vincere le discussioni.
- Non umiliare il partner ricordandogli il suo gesto.
- Non accusare il partner quando facciamo domande o chiediamo rassicurazioni.

Se le nostre discussioni future non sono legate al tradimento, non possiamo tirare fuori l'errore passato come mezzo per averla vinta. Si tratta di una dinamica comune, ma anche molto subdola e dannosa per il benessere della coppia.

"Io perdono, ma non dimentico! Prima o poi vedrai che tutto ritorna!" è la frase più spaventosa che ci si possa sentire dire. Ricorda che nessuno ti obbliga a stare con un partner dopo che ti ha tradito. Se decidi di farlo, dovrai impegnarti anche tu nel migliorare la vostra relazione. So che non vuoi una relazione basata sulla paura, ma sul dialogo. Quindi, evita di utilizzare l'errore dell'altro come un'arma punitiva.	In una dinamica di coppia di questo tipo, l'errore di uno, diventa la forza dell'altro. È una dinamica aggressiva, prevaricatoria, che mette un partner in una posizione di potere rispetto all'altro. In altre parole, la relazione diventa abusante. Allora, se non posso recriminare e non devo star zitto, cosa faccio? Semplice: impari a comunicare. Si possono esprimere le proprie emozioni – anche il dolore e la delusione – senza prevaricare l'altro.

2.8.1 Rimettersi in sesto

Durante questa prima fase, è fondamentale che entrambi i partner non si lascino andare. Può capitare, quando si vivono momenti di grande difficoltà, di mettere in secondo piano il proprio benessere fisico ed emotivo.

"Non riesco più a dormire, mangio poco, ho lasciato lo sport e mi sento davvero uno straccio".

"Che senso ha prendersi cura del mio corpo? Ho l'impressione che tutto sia diventato inutile".

In questo caso, bisogna fare un piccolo sforzo per bloccare una tale reazione sul nascere. Non si tratta di andare contro le proprie sensazioni:

- Se, subito dopo il tradimento, non hai voglia di fare sport o di andare a passeggiare non c'è niente di male.
- Al contrario, se ti rendi conto di esserti "bloccato" ed essere entrato in un ciclo di rinuncia, è il caso di sforzarti a riprendere le tue attività.

Può sembrare banale, ma se non facciamo niente per avviare il cambiamento, il cambiamento tarderà ad arrivare. Così, nella fase del dolore acuto, può rivelarsi utile riprendere in mano a poco a poco le proprie abitudini.

Se, prima del tradimento facevo sport, è il caso che ricominci a farlo: pensa che non c'è differenza tra l'esercizio fisico e gli interventi farmacologici nel ridurre i sintomi depressivi negli adulti con depressione non grave (Recchia et al., 2022). Capisci quindi l'importanza di fare un piccolo sforzo in questa direzione anche se non ne hai voglia. Perché questo ti permetterà di uscire dal circolo vizioso dell'inattività e ti aiuterà a combattere efficacemente i sintomi depressivi che è normale avere in questa fase.

La sofferenza ha il potere di stravolgere le nostre vite; più glielo lasciamo fare, più abbiamo l'impressione di essere succubi di quello che viviamo e che non abbiamo scelto. A cominciare dalle piccole decisioni, dobbiamo quindi riprendere in mano il controllo delle nostre vite e della nostra routine giornaliera.

2.9 Finale di partita

Finora, abbiamo analizzato le reazioni più comuni al tradimento e i comportamenti che si dovrebbero mettere in atto subito dopo la scoperta. Abbiamo, in parole povere, parlato delle tecniche di sopravvivenza: cioè di quelle tecniche che si rivelano utili nella fase del dolore acuto (sia per gestire il dolore che per non creare ulteriori conflitti nella coppia).

L'abbiamo fatto, sia dalla parte del partner traditore:

1) Assumersi la responsabilità.
2) Ascoltare.
3) Comprendere e mostrare le proprie emozioni.
4) Imparare a dialogare.
5) Gestire il lutto per l'amante.
6) Gestire il dolore e la vergogna, normalizzandoli.
7) Collaborare con il partner tradito, rispondendo alle sue domande e fornendo rassicurazioni.

Che dalla parte del partner tradito:

1) Normalizzare il dolore.
2) Affrontare le discussioni con la tecnica del Soft Start-Up.
3) Fare le domande giuste.
4) Gestire la necessità di chiedere rassicurazioni.

5) Comprendersi.
6) Perdonare.

Se, in questa fase, i partner hanno fatto tutto il necessario per il proprio benessere e per il benessere della relazione, il loro rapporto si sarà già avviato verso una piccola svolta. Quale?

- Il tradimento, pur avendo creato una rottura all'interno della coppia, non sarà riuscito a generare ulteriori conflitti fondati sull'impossibilità di dialogo.
- La coppia non si sarà ancora solidificata, ricostruendo un rapporto fondato sulla fiducia, ma avrà compreso che attraverso la collaborazione è possibile superare le difficoltà.

Ci troviamo adesso nel Finale di Partita: cioè nella fase di ricostruzione della fiducia e dell'elaborazione del trauma. Nel prossimo capitolo, vedremo quindi nel concreto come sia possibile:

1) Ricostruire la fiducia all'interno della coppia.
2) Elaborare il trauma del tradimento.
3) Gestire i pensieri ossessivi.
4) Rinforzare la coppia tramite degli esercizi pratici.

Capitolo Terzo
Finale di partita

Sommario del capitolo: Ricostruzione della fiducia in tre fasi. Esercizi di coppia. Elaborare il trauma. I pensieri ossessivi. Epilogo.

3.1 Ricostruire la coppia dalle macerie

Per ricostruire la relazione, il primo passaggio consiste nella ricostruzione della fiducia. Lo sappiamo: una relazione solida, è una relazione fondata sulla fiducia nei confronti del partner, sulla trasparenza e sulla complicità. Nello scorso capitolo, avevo chiesto al partner tradito di porsi le seguenti domande:

1) Voglio salvare la relazione o voglio lasciare il partner?
2) Sarò in grado di recuperare la fiducia e di credere nuovamente al mio partner?
3) Riuscirò ad essere di nuovo felice con lui/lei?

Tali domande, suggerite da Gottman nel suo metodo di ricostruzione della fiducia, ne prevedono altre che dovrebbe invece porsi il partner traditore:

1) Sono davvero pentito per il mio gesto? O non considero il tradimento come immorale?
2) Riesco ad assumermi le mie responsabilità sull'accaduto?
3) Riesco a provare empatia per il mio partner?

Mettiamo caso che, il partner tradito, abbia risposto in questa maniera: "Voglio salvare la relazione. Spero di poter recuperare la fiducia. Spero di poter essere di nuovo felice con lui/lei". E che il partner traditore abbia risposto invece: "Sì, ne sono davvero pentito. Mi assumo le responsabilità dell'accaduto. Comprendo a pieno le emozioni del mio partner".

Ci troviamo davanti alla situazione ideale: entrambi i membri della coppia hanno il desiderio di rimettere in sesto la relazione entrata in crisi dopo il tradimento. Così, si sono impegnati a fare il possibile per mantenere aperto e vivo un dialogo sano e produttivo. Adesso, che cosa devono fare?

Per quanto alcuni aspetti siano già stati citati, di seguito approfondiremo nel concreto i compiti e gli step che utilizziamo nella nostra pratica clinica.

Secondo Gottman, esistono delle fasi che la coppia deve attraversare. Queste sono:

1) Espiazione.
2) Sintonizzazione.
3) Attaccamento.

Si tratta delle tre fasi del metodo proposto dallo stesso Gottman. Cominciamo ad analizzare la prima.

3.1.1 Espiazione

Della prima fase abbiamo parlato, implicitamente, nello scorso capitolo. Adesso la approfondiremo, così da formalizzarla e renderla più concreta agli occhi del nostro lettore.

La fase dell'espiazione ha inizio subito dopo la scoperta del tradimento. Lo sappiamo: adesso il traditore deve assumersi la responsabilità dell'accaduto, raccontare tutto al partner, rispondere alle sue domande e fornirgli rassicurazioni.

Da parte sua, il partner tradito ha il compito di non usare il tradimento come leva per la risoluzione dei conflitti, di fare le domande giuste e di impegnarsi a perdonare veramente il partner.

Queste azioni, corrispondono alla prima fase dell'Espiazione. Parallelamente, è importante dedicarsi alla comprensione reciproca. Il partner traditore, deve provare a spiegare nel dettaglio i motivi per cui ha compiuto il suo gesto.

1) Il partner tradito, invece di attaccarlo, deve ascoltare tali motivazioni e prendere consapevolezza di quanto comunicato e del pentimento del partner.

Il momento della Comprensione può essere faticoso: a volte è difficile comprendere le ragioni delle proprie azioni o accettare le motivazioni degli altri. Per quanto i metodi di dialogo illustrati poco fa possano essere utili, l'unico modo di gestire al meglio quest'aspetto, è quello di rivolgersi ad un professionista.

Guidando gli incontri della coppia, il professionista accelererà il processo di guarigione ed eviterà che i confronti si trasformino in sterili discussioni.

Dopo la Comprensione, viene la Prova di fedeltà. Il partner traditore, dopo aver, risposto alle domande del partner tradito, spiegato le proprie motivazioni e ascoltato i sentimenti dell'altro, dovrà fornire prove concrete della propria rinnovata fedeltà.

Come? Questo dipende dalle richieste del partner tradito, che in questo frangente potrà esigere diverse rassicurazioni e impegni. Di solito il traditore sarà chiamato a spiegare per filo e per segno dove si trovi, a quale ora del pomeriggio e della sera; dicendo al partner con chi si scriva o contatti via cellulare; fornendogli rassicurazioni sulle persone che incontra, sui luoghi dove va, sui motivi per cui fa tardi la sera. Un altra richiesta che vedo frequentemente fare è quella di sbloccare i cellulari in modo che ci sia la massima trasparenza.

In questa fase, il partner traditore deve impegnarsi profondamente: quella che potrebbe apparire come una sterile violazione della privacy, è in realtà una fase necessaria alla ricostruzione della fiducia.

- Se dico che, alle sette sarò in quel locale a bere una birra con la persona X, alle sette dovrò essere in quel locale, con quella persona X.

Nessuna omissione: neanche la più piccola trasgressione è adesso concessa al partner traditore. In questa maniera, a lungo andare, si concluderà la fase dell'Espiazione.

È chiaro che, da parte del traditore, non sia semplice accettare una tanto invadente rinuncia alla privacy. Tuttavia questa apertura dovrà durare fino a che il tradito non sentirà di aver riguadagnato la fiducia.

3.1.2 Sintonizzazione

La seconda fase è quella della Sintonizzazione. Di cosa si tratta?

- Dopo aver affrontato la prima fase, quella dell'Espiazione, la coppia deve cominciare a muoversi verso il futuro.

A questo punto, tra i partner, le acque si sono calmate: il tradimento non è ancora stato del tutto superato, certo, ma la fase peggiore è ormai passata. Il pianto non è più all'ordine del giorno. La consapevolezza dell'accaduto è entrata a far parte del bagaglio personale dei singoli e della coppia.

Essere consapevoli dell'accaduto significa anche essere consapevoli delle problematiche di fondo che hanno portato uno dei partner a violare il patto di fiducia. Come sappiamo, le cause del tradimento possono essere molte, talvolta persino impossibili da identificare con certezza. Quelle su cui andremo ad agire qui, sono la mancata comunicazione e l'interiorizzazione del conflitto (vedi primo capitolo).

- Se faccio offerte emotive al partner, e mi trovo sempre rifiutato, prima o poi rivolgerò altrove la mia speranza di soddisfare i bisogni.

Ciò significa che, dove c'è tradimento, potrebbe esserci anche una fondamentale incapacità di comunicazione. Questa incapacità può portare al tradimento, ma anche alla rottura o all'allontanamento. Si tratta quindi di ricostruire i presupposti della coppia, per far sì che una cosa del genere non possa accadere in futuro. Sintonizzare significa questo: far entrare in comunicazione profonda i membri della coppia.

1) La sintonizzazione è la comprensione reciproca e profonda dei bisogni e dei desideri del partner.

2) Quando i partner si sintonizzano, non sperimentano più la tipica sensazione di solitudine a due. Entrambi sono in grado di parlare delle proprie vulnerabilità, delle proprie mancanze, e di quello che vorrebbero dal partner e dalla relazione.

3) La comunicazione profonda, fa in modo che la relazione sia più soddisfacente e non spinga i partner a cercare soddisfazioni esterne alla relazione.

Ora, come si fa per entrare in sintonia con il partner? Attraverso una serie di esercizi, o "giochi", che possono essere svolti in compagnia della persona che amiamo (Winek & Craven, 2003).

Primo gioco: raccontarsi

Ogni giorno, ad una certa ora, prenditi una mezz'ora per parlare con il tuo partner. L'argomento della conversazione dev'essere lo stato d'animo dei membri della coppia.

Per far sì che il gioco si riveli utile, comincia con il porre domande a risposta aperta. "Com'è andata a lavoro?". "Come ti senti oggi?". "Qual è stato il momento migliore della giornata? E il peggiore?". "C'è stato qualcosa che ti ha messo di particolare buonumore?". "Hai qualche particolare preoccupazione?". Dopo aver ascoltato attentamente il tuo partner, rispondi cercando di essere sincero e approfondito. Nel lungo periodo, queste semplici conversazioni creeranno un senso di intesa e di intimità emotiva all'interno della coppia.

Quando uno dei due partner si troverà in una situazione di difficoltà, gli verrà spontaneo comunicare con l'altro. Allo stesso modo, quando avrà una qualche soddisfazione, la racconterà al suo partner, condividendone la gioia.

Secondo gioco: vulnerabilità

Insieme allo stato d'animo, puoi raccontare al tuo partner delle difficoltà che vivi nel rapporto. Quando viviamo una relazione, la maggior parte delle volte, tendiamo a non aprirci completamente con il partner per paura del suo giudizio o delle sue possibili reazioni.

"Quando vedi quella persona, mi sento un po' indifeso. Mi piacerebbe molto, allora, ricevere un tuo messaggio. Mi vergogno a dirtelo, ma queste sono le emozioni che provo".

Oppure anche: "Sai, a volte avrei piacere se uscissimo un po' insieme il sabato sera. Vuoi spesso stare con i tuoi amici, e lo capisco, ma a volte mi sento messo/messa da parte".

Queste discussioni, se condotte in modo corretto, non aggressivo ma propositivo, aiuteranno i membri della coppia a sentirsi più compresi dal partner e dunque a condividere passo dopo passo le rispettive vulnerabilità e debolezze.

Non c'è una formula magica.

Per entrare in sintonia, non c'è una formula magica. Più avanti, proporrò altri esercizi di coppia che possano rispondere allo scopo. Per adesso, vorrei invece sottolineare quanto segue:

ogni coppia ha il suo modo di entrare in sintonia e in connessione profonda.

Da un lato, la connessione riguarda la capacità di dialogo e previene la possibilità di cercare soddisfazione emotiva in stimoli esterni alla coppia.

Dall'altro, riguarda anche la vita di tutti i giorni, cioè le attività che svolgiamo insieme al partner e la sensazione di intimità che sviluppiamo con lui. In studio così come online, ho a volte lavorato con coppie che erano in grado di aumentare l'intimità facendo insieme una passeggiata in montagna, o passando del tempo fuori città per un week-end, o ancora vedendo gli amici o semplicemente andando al cinema.

Anche tu, con il tuo partner, hai il compito di scoprire quale sia il metodo migliore per creare una forma di connessione non-dialogica: cerca di ritagliare momenti di intimità. Subito dopo questi momenti, chiediti se siano serviti o meno a rafforzare la sintonia all'interno della coppia.

Prendi anche in considerazione, se hai figli, di ritagliarti dei momenti da solo con il tuo partner. Questo è utile perché potrà permettervi di rilassarvi senza la responsabilità di dover badare a loro, ricostruendo quei momenti che vi hanno fatto innamorare.

3.1.3 Attaccamento

L'ultima fase del metodo Gottman si prefigge di consolidare i risultati ottenuti nella fase di Sintonizzazione, ampliandone la portata e agevolando di conseguenza anche l'intesa sessuale. Le coppie approfondiscono il loro rapporto parlando di progetti futuri e di cosa renda le loro vite significative. In questa fase vengono anche condivisi gli obiettivi futuri, e i sogni possono tornare ad essere espressi e condivisi. Per quanto riguarda la sessualità, dopo un tradimento, i normali equilibri sessuali sono alterati; talvolta, possono apparire alterati per sempre.

"Non riesco più a fare sesso col mio partner. Quando ci provo, rivedo le scene del tradimento e mi sento disgustato". Questa reazione, molto comune, va gestita con grande cautela. Il sesso è infatti una zona di pericolo: il tradimento ha probabilmente implicato un qualche rapporto con la sessualità, e ora, questa sessualità, potrebbe apparire contaminata dall'accaduto.

Gottman consiglia, nella fase di sintonizzazione, di aprirsi al dialogo sul sesso e sulle preferenze sessuali. Questo dialogo deve essere incentrato sui gusti erotici dei due partner, e strutturato attraverso il metodo della domanda a risposta aperta. Questo dialogo non deve essere forzato e di solito va affrontato quanto entrambi i partner si sentono pronti.

Ad esempio, potremmo chiedere al partner:

1) Qual è una fantasia di cui non mi hai mai parlato?
2) Cosa ti piacerebbe facessi, a letto, per darti più piacere?
3) Quali posizioni ti piacciono?
4) Hai mai pensato di usare dei sex toys?
5) Etc. etc..

Come nel caso del dialogo sulle vulnerabilità, anche il dialogo sulla sessualità aiuterà la coppia a vivere i momenti di intimità con più serenità e connessione. Aiuterà, da un lato, il partner tradito a liberarsi dei pensieri del tradimento, e il partner traditore a ritrovare una gratificazione sessuale che forse aveva perduto da tempo.

Molti pazienti, non riescono però a superare il dolore associato al ricordo del tradimento. Esistono allora degli esercizi per facilitare e accelerare questo passaggio?

In realtà, al di là di alcune tecniche terapeutiche ad appannaggio dello psicologo, un alleato di cui disponiamo è il tempo. Può accadere che nei primi mesi sia difficile aprirsi alla sessualità e vivere con serenità quello che accade a letto.

In questo caso, spieghiamo al partner quello che proviamo: "Mi dispiace, non riesco ancora a farlo. Rivedo le scene del tradimento e sto male. So che, col passare del tempo, le cose miglioreranno". Va bene cercare di migliorare la nostra condizione, ma non dobbiamo neanche calcare troppo la mano affinché ciò avvenga nel minor tempo possibile.

3.1.4 Consolidamento della fiducia

A questo punto, le tre fasi di Gottman sono concluse. All'interno della coppia, si sta a poco a poco generando un nuovo senso di intimità e di connessione. Questo, in virtù dei dialoghi sui sentimenti, del riavvicinamento emotivo e della riscoperta della sessualità. Ora serve consolidare la fiducia che piano piano sta tornando. Andiamo a vedere quali esercizi possono essere utili a questo scopo.

3.2 Esercizi di coppia

In questa parte del testo, vedremo nello specifico altri esercizi di coppia da svolgere per ricreare un senso di fiducia e per fortificare la sintonia con il partner. Sono tra quelli che sono solito assegnare ai miei pazienti durante le sedute di coppia, soprattutto quando ci sono ancora dubbi, difficoltà ed inquietudini.

Può infatti capitare che, nonostante si seguano tutti i consigli del professionista, si continui a percepire una forte distanza dal partner. Può anche capitare che non si riescano ad affrontare determinate fasi o reazioni. In tal caso, la cosa migliore da fare è continuare ad agire: non è possibile superare un tradimento nell'arco di quattro settimane o di due mesi (a volte, neanche nell'arco di un anno).

Non è possibile pensare che la guarigione sia un percorso in discesa. Durante la guarigione sperimenteremo distanza, dolore, a volte tormento, pensieri ossessivi, vergogna, senso di colpa, eccetera. Nonostante queste possibili reazioni, dobbiamo continuare a lavorare affinché un cambiamento divenga possibile. La cosa migliore da fare è mettere in pratica dei piccoli atti di riparazione: gesti o esercizi che possiamo svolgere costantemente col partner e che ci aiuteranno a tornare a una vita di coppia sana e soddisfacente.

3.2.1 Esercizi per tornare alla normalità

Raggiunta questa fase, in quanto coppia, dovete cominciare a tornare alla vita di tutti i giorni. Il tradimento c'è stato, le ragioni sono state chiarite, i dialoghi avvenuti: è il momento di ricominciare a vivere una vita normale.

Vivere una vita normale significa: ricominciare a uscire, a vedere amici, a prendere decisioni insieme, a organizzare qualcosa per il futuro. Non parlo solo della vita quotidiana dei singoli, ma anche della vita quotidiana della coppia. Il mio consiglio è questo: ricominciate a fare le cose che facevate un tempo. Se era vostra abitudine andare ogni sabato al mercato a fare la spesa, riprendete questa abitudine. Tra il caos e il cambiamento, vi restituirà un minimo di stabilità.

Organizzate anche qualcosa di straordinario insieme: hai presente quella lista di cose che avete sempre posticipato? Bene, è questo il momento di tirarla fuori dal cassetto e di metterla in pratica. Se in cima alla lista compare la voce: "Andare a fare un week-end in montagna", fatevi forza e organizzate questi due giorni di libertà. Cercate dunque di creare piccoli momenti di romanticismo: quel romanticismo che, già prima del tradimento, era forse scomparso da tempo dall'orbita della vostra relazione.

Creare occasioni di vita quotidiana

Al di là delle piccole avventure, cercate di ricreare quelle piccole occasioni di vita quotidiana che un tempo vi rendevano felici. Molte coppie, a questo punto, ricominciano ad andare a cena fuori o anche soltanto a bere un bicchiere di vino.

Durante l'uscita, cercate di dialogare di cose piacevoli e di non farvi catturare dal vortice del tema tradimento. Avrete modo di parlarne in un altro momento.

Parlate del vostro (bel) passato

Di tanto in tanto, concedetevi dei momenti per parlare del vostro passato e della vostra relazione. Non per parlare del tradimento, ma per parlare delle cose belle che troppo spesso non considerate.

Ad esempio: il modo in cui vi siete conosciuti, quel viaggio che avete fatto, una storiella che vi fa ridere e che rafforza la vostra complicità. Molte coppie che vengono a trovarmi in studio, quando gli chiedo di svolgere questo esercizio, finiscono per divertirsi e ridere di gusto.

Altrove, ho parlato di un esercizio che mi piace chiamare esercizio della gratitudine. Qui di seguito, scrivete sopra dieci momenti o ricordi positivi che avete della vostra relazione, momenti di cui siete grati.

1.

2.

3.

4.

5.

6.

7.

8.

9.

10.

Questo semplice esercizio, vi aiuterà a ricordarci delle cose belle che avete sotto gli occhi e che troppo spesso finite per non considerare.

Parlate del vostro futuro insieme

Svariati studiosi (Harasymchuk, 2021) affermano che condividere una visione del futuro sia fondamentale per il benessere della coppia. Con il vostro partner, mettetevi seduti ad un tavolo. Scrivete, ognuno per conto suo, alcuni obiettivi per il futuro della coppia.

Subito dopo, confrontate gli obiettivi e parlatene apertamente.

1) Ci sono obiettivi condivisi?
2) Se la risposta è sì, quali?
3) Se la risposta è no, quali obiettivi potrebbero essere condivisi da voi e dal partner?

L'esercizio vi aiuterà a costruire dei desideri che volete perseguire: questo vi aiuterà ad orientare in maniera più coerente la vostra vita di coppia.

Costruire momenti positivi

A parere di Gottman (Davoodvandi, 2018), per resistere come coppia, bisogna vivere un maggior numero di momenti positivi che di momenti negativi.

La proporzione secondo Gottman dovrebbe essere la seguente:

- Se per ogni momento negativo, la coppia vive cinque momenti positivi, allora può resistere al conflitto e alle difficoltà.

I seguenti esercizi vi aiuteranno a vivere più momenti di serenità e di positività in compagnia del partner.

Piccoli gesti

Cominciamo dai piccoli gesti. Essi risultano fondamentali per il recupero del benessere di coppia e per l'aumento della sintonia tra i partner. Per piccoli gesti, possiamo intendere davvero qualsiasi cosa: un semplice "come stai?", portare un bicchiere d'acqua, preparare il caffè, fare un piccolo regalo, eccetera. Il primo esercizio funziona così: scrivete, qui di seguito, qualche piccolo gesto che avete intenzione di compiere nei confronti del partner durante la settimana a venire. Ad esempio: comprargli quel libro che voleva tanto leggere, fargli trovare un bigliettino affettuoso, eccetera.

Esercizio dello specchio

Quando fate qualcosa per il vostro partner, è probabile che lui vi ringrazi in un modo diverso da quello che vi aspettavate. Ad esempio, voi fate un piccolo gesto: al posto di darvi un bacio, il vostro partner potrebbe semplicemente ringraziarvi. O potrebbe anche succedere il contrario: il partner fa qualcosa per voi, e voi lo deludete senza nemmeno rendervene conto.

Ed ecco subito arrivare il disappunto e il crollo delle aspettative: "Ma come? Io faccio di tutto per lui, e lui mi dice a malapena grazie?". L'esercizio dello specchio è utile per evitare i conflitti che potrebbero derivare da tali e simili circostanze.

- Quando facciamo un gesto, un regalo o un pensiero, non dobbiamo pensare alle cose che farebbero felici noi (es.: il caffè a letto), ma alle cose che farebbero felice il nostro partner.
- Allo stesso modo, quando esprimiamo gratitudine, non dobbiamo farlo come siamo abituati a farlo, ma come è abituato a farlo il nostro partner.

Così, sarà più probabile che apprezzi il nostro regalo e colga davvero la nostra gratitudine.

1. Scriviamo su un foglio qualcosa che riguarda il modo di esprimersi o le preferenze del nostro partner.

    Es. Al mio partner piace quando lo abbraccio. A me, piace di più quando mi dice grazie.

2. Se il partner fa qualcosa di bello per noi, sforziamoci di reagire secondo i suoi gusti e non secondo i nostri.

    Es. Lo abbraccio, invece di dire grazie.

L'esercizio riguarda entrambi i partner e può avere a che fare con qualsiasi ambito: gratitudine, gioia, piccoli gesti, ecc.

L'esercizio dell'apprezzamento

Quando il nostro partner fa qualcosa per noi, ricordiamoci sempre di mostrare il nostro apprezzamento. Troppo spesso, infatti, ignoriamo l'importanza di far sentire le persone riconosciute.

Anche se per noi certi gesti sono scontati, magari non lo sono per il partner. Dunque, impariamo ad esprimere apprezzamento per le cose che ci vengono date. Per farlo, elenchiamo alcune delle azioni positive che fa spesso per noi ma di cui non teniamo conto (es. cucinare per me, ascoltarmi quando gli parlo del lavoro, ecc).

1.
2.
3.
4.
5.
6.
7.
8.
9.
10.

Esercizio del "cosa apprezzo di te"

Dopo aver imparato ad esprimere gratitudine, e ad apprezzare ciò che il vostro partner fa per voi, è arrivato il momento di esprimere cosa vi piace di lui/lei. Non di esprimerlo solo per iscritto, ma anche di comunicarlo al vostro partner.

Procedete così: scrivete, qui di seguito, a turno, dieci cose che amate e che apprezzate del vostro partner. Possono essere caratteristiche fisiche, psicologiche, comportamenti, modi di farvi sentire, maniere di comportarsi (insomma, qualsiasi cosa vi venga in mente).

1.
2.
3.
4.
5.
6.
7.
8.
9.
10.

Subito dopo, sedetevi insieme e leggete ciò che avete scritto. Al partner, alcune di queste cose potrebbero fare piacere. Altre, potrebbero sembrare banali o addirittura assurde.

Assicuratevi, per ogni cosa che avete scritto, di spiegarne anche il significato profondo. Ad esempio: mi piace molto quando fai cosa x, perché nella mia infanzia tale cosa x non veniva mai fatta per me.

Altri esercizi utili:

Gioco dei desideri inversi

Scrivete su un foglio, cercando di indovinare le cose che il partner desidererebbe voi faceste per lui.

Es. Vorresti più attenzioni da parte mia dopo il lavoro.

Vorresti che ti facessi più sorprese.

Eccetera.

Infine, invertite i ruoli e ricominciate il gioco. Il gioco dei desideri vi dirà, da un lato, quanto conoscete il vostro partner e, dall'altro, vi aiuterà a comprendere i suoi reali desideri.

Gioco dei desideri

Scrivete su un foglio le cose che desiderereste fossero fatte dal partner per voi.

Es. Vorrei più attenzioni dopo il lavoro.

Vorrei ricevere più sorprese.

Eccetera.

Alla fine dell'esercizio, leggete questi desideri al vostro partner e vedete se coincidono con quelli da lui scritti nell'esercizio precedente.

3.2.2 Parentesi

È importante una breve parentesi. Gli esercizi da svolgere in coppia sono pressoché infiniti e utili a tre scopi fondamentali:

1) Ricreare il senso di intimità e connessione nella coppia.
2) Migliorare il dialogo nella coppia.
3) Aumentare l'intesa sessuale.

Anche in questo caso, l'aiuto di uno specialista può essere utile per cominciare a praticare gli esercizi nella maniera corretta. Capita infatti, e piuttosto spesso, che quando i pazienti comincino a svolgere queste pratiche finiscano per discutere o per litigare. Appare allora fondamentale impostare delle regole di base:

- Gli esercizi non sono un luogo in cui parlare del tradimento.
- Gli esercizi non sono un modo per far sentire il partner umiliato e offeso.
- Gli esercizi presuppongono una buona capacità di dialogo.

Consigliamo, allora, di cominciare a lavorare sulle pratiche dialogiche per poi muoversi verso gli esercizi più complessi da svolgere in coppia.

3.3 Elaborare il trauma

A questo punto, la coppia dovrebbe aver recuperato un buon livello di intimità e di intesa emotiva. La burrasca sembra passata: tutto sembra diretto verso un ritorno alla normalità.

Eppure, non sempre è così.

Molto spesso, le persone che hanno subito un tradimento ancora covano un vago senso di disperazione e di perdita dei riferimenti. Frequentemente, queste persone vivono sintomi che ricordano quelli del Disturbo Post Traumatico da Stress.

Di che cosa si tratta?

- Di un disturbo che sorge in correlazione all'esperienza o all'esposizione indiretta ad un evento traumatico, come morte, minaccia di morte, violenza sessuale e così via.

- L'evento traumatico, vissuto dalla persona in questione come un fattore di stress, produce una serie di effetti a lungo termine.

- Gli effetti più comuni sono: flashback relativi all'evento, incubi, sensazione di ottundimento, evitamento, insonnia e aggressività.

Il Disturbo Post Traumatico da Stress sorge quindi in relazione a un evento vissuto dall'individuo come minaccioso.

L'evento non dev'essere per forza vissuto in prima persona: può anche trattarsi di un evento di cui siamo testimoni più o meno diretti (come assistere a un incidente stradale, o ascoltare il racconto di una persona vittima di violenza sessuale).

Secondo il Manuale Diagnostico e Statistico dei Disturbi Mentali, questi sono i sintomi che caratterizzano il disturbo:

- Pensieri intrusivi. Parliamo di pensieri indesiderati ricorrenti e che creano un certo disagio. Possono riguardare il trauma, o altre esperienze negative che la persona ha vissuto durante o dopo l'evento traumatico. Possono apparire in varie forme. Ad esempio, sotto forma di ricordo, sogni, flashback e così via.

- Evitamento. Dato che i pensieri o i ricordi relativi al trauma sono fonte di dolore, la persona che l'ha vissuto, cerca di creare le condizioni per evitare che questo si ripeta - o che il ricordo ritorni.

- Alterazioni cognitive e dell'umore. Come problemi di memoria e concentrazione, senso di colpa e vergogna per l'evento o per la propria reazione all'evento, percezione esagerata del pericolo, ansia, depressione, insonnia.

- Alterazioni nell'arousal e nelle reazioni. Quando ci sono stimoli che possono ricordare anche solo vagamente l'evento traumatico, si può verificare un'eccessiva "attivazione" della persona e uno stato di ipervigilanza. Ad esempio, in seguito a un suono (che nel caso di un tradimento, potrebbe essere la notifica di un messaggio), la persona tradita potrebbe iniziare a provare forte ansia, sudare, con magari un treno di pensieri incontrollato.

- Durata di almeno un mese.

- Impatto significativo sulla vita della persona.

- Potrebbero essere anche presenti sintomi dissociativi.

Molte persone che subiscono il tradimento, vivono una condizione paragonabile a questa. Che si possa clinicamente definire ansia reattiva, disturbo d'adattamento o un vero e proprio disturbo post-traumatico, poco importa. Ai fini pratici, la persona che viene tradita esperisce diversi sintomi che deve imparare a gestire.

L'abbiamo detto parlando delle reazioni più comuni, nel capitolo scorso:

- Il tradito può vivere continui flashback dell'accaduto.
- Il tradito può sperimentare ansia, panico e aggressività.

- Il tradito può sperimentare sensazioni di estraniazione dalla realtà e dal mondo circostante.

- Il tradito può, per evitare la sofferenza, evitare il pensiero del tradimento e fare finta di niente o evitare tutte quelle situazioni che possono ricondurlo al ricordo del tradimento (ad esempio, se il tradimento è stato consumato in macchina, sviluppare un'avversione alla guida).

Ora, quando una persona ha vissuto un evento traumatico, per fargli fronte cerca di mettere in atto delle soluzioni. Non c'è niente di strano. Tuttavia, il rischio di mettere in atto delle tentate soluzioni disfunzionali che aggravino il problema, è alto.

3.3.1. Trauma e tentate soluzioni

Da quanto detto finora, possiamo quindi affermare che:

- La scoperta di un tradimento può essere vissuta come un vero e proprio trauma, che l'individuo deve imparare a gestire nel migliore dei modi.

Di solito, svolgo questo lavoro individualmente con il paziente tradito mentre, in parallelo, lavoro con la coppia.

Ora, come dicevamo, per far fronte al trauma molte persone mettono in atto delle tentate soluzioni. (Cagnoni, F., & Milanese, R., 2009). Le principali sono:

- Cercare di controllare i propri pensieri e le proprie emozioni. La persona che ha subito il trauma, quando pensa al tradimento, cerca di controllare i pensieri e le emozioni relative all'evento. Si accorge presto però, che più ci prova, meno ci riesce. Così facendo infatti, non fa altro che aumentare disagio e sofferenza già presenti.

- Cercare di evitare tutte le situazioni che possono essere associate all'evento traumatico. In questo modo, la persona ha l'impressione di evitare il carico di sofferenza che ne deriva. L'evitamento ha una duplice faccia: da un lato, evitamento del pensiero, dall'altro, evitamento delle situazioni che potrebbero far sorgere il pensiero stesso (es. incontri con il partner e così via).

In realtà, più la persona evita di pensare al problema, più il problema si ripresenta in maniera involontaria e incontrollabile. Questo avviene, ad esempio, sotto forma di pensieri intrusivi, incubi, flashback ricorrenti. Non solo: l'evitamento tende a dilagare "a macchia d'olio", generando dei veri e propri quadri fobici. Di nuovo, a titolo esemplificativo, un trauma dato da un incidente stradale, potrebbe velocemente trasformarsi da "ho paura dell'auto: eviterò di guidare" a "ho paura di uscire di casa". Derive così importanti sono più comuni di quanto si pensi.

- Chiedere aiuto, cercare rassicurazioni e lamentarsi. Quando affrontiamo un momento difficile, abbiamo l'inconscia convinzione che "se ne parleremo, allora staremo meglio". Cerchiamo supporto negli altri, così che ci dicano che andrà tutto bene. Ci lamentiamo, per farci compatire. In realtà, per quanto queste soluzioni allevino il dolore nel breve termine, a lungo termine non sono in genere funzionali:

    a. Spesso parlare con gli altri ci espone a reazioni indesiderate (es. "Ti ha umiliato/umiliata! Che ci stai a fare insieme?"). Così, i nostri dubbi e il nostro dolore aumentano.

    b. Più chiediamo rassicurazioni a persone esterne alla relazione, più abbiamo bisogno di chiederne altre, perché impareremo che da soli non possiamo farcela. A lungo andare, l'unica maniera che avremo di gestire il dolore sarà quella di rivolgerci ad altri.

c. Chiedere costantemente rassicurazioni, non solo concentra l'attenzione sul problema, ma può facilmente aumentare il numero di pensieri -o domande- intrusivi che riguardano l'evento stesso.

d. La lamentela non fa altro che identificare la persona che si lamenta con quel problema. A lungo andare, l'identità di "partner tradito" può soddisfare così tanto il bisogno di rassicurazioni da parte degli altri, che diventa più piacevole non reagire affatto, continuando ad essere la persona che gli altri compatiscono e accudiscono.

Bada bene: non parliamo qui delle rassicurazioni da chiedere al partner nella fase iniziale del dolore acuto. Parliamo delle rassicurazioni, generalmente richieste a familiari o amici, che riguardano il tradimento stesso. Ad esempio: "Se me l'ha promesso, non lo farà più… è vero?", "Non farebbe mai nulla per mettere davvero in pericolo la nostra famiglia, non credi?", e così via.

Vediamo adesso come lavorare sulle soluzioni disfunzionali, per trasformarle in soluzioni funzionali e riuscire ad elaborare il trauma.

3.3.2 Soluzioni funzionali

Le soluzioni funzionali, in generale, si costruiscono bloccando quelle disfunzionali.

Mi spiego meglio:

- Se l'evitamento è una soluzione disfunzionale, lavoreremo sull'insegnare al paziente a non evitare il ricordo o le situazioni legate al trauma.
- Se il tentativo di controllo è una soluzione disfunzionale, lavoreremo sulla possibilità di lasciar correre liberi i pensieri al fine di elaborare il trauma.
- Se la socializzazione del problema non fa altro che peggiorarlo, lavoreremo sull'interromperla del tutto o su maniere alternative di discuterne.

Cominciamo dalla prima soluzione funzionale: quella che risponde ai tentativi di evitamento.

Il romanzo del trauma

In questo esercizio, invitiamo il partner tradito a scrivere ogni giorno, e scendendo nei dettagli, tutti i ricordi relativi all'evento traumatico. Ogni giorno aggiungerai nuovi dettagli. (Cagnoni F., Milanese R., 2009)

Acquista un taccuino o un semplice diario. Ogni pomeriggio alla stessa ora, scrivi nel dettaglio tutto ciò che hai vissuto, e che ricordi, dell'evento traumatico del tradimento.

Potrebbe trattarsi di sensazioni, di immagini, di rumori, insomma di qualsiasi cosa.

All'inizio, l'esercizio ti costerà molta fatica. A lungo andare, a mano a mano che scriverai, gli eventi cominceranno a sembrarti più freddi e meno dolorosi.

Questo esercizio ha lo scopo, implicito, di aiutare il partner tradito a elaborare il trauma.

Selezione dei ricordi

Un altro esercizio, che spesso facciamo svolgere ai nostri pazienti, è quello legato alla selezione dei ricordi. Lo scopo dell'esercizio è quello di creare delle immagini positive del partner che facciano da contraltare a quelle traumatiche legate al tradimento.

Così, chiediamo al paziente di scrivere su un foglio alcuni ricordi positivi legati alla relazione. Di questo esercizio, abbiamo già trattato nel paragrafo 3.2.

Congiura del silenzio

La congiura del silenzio fornisce una valida alternativa alla tentata soluzione disfunzionale della socializzazione del problema.

Abbiamo già visto come, più parlo del problema con familiari e amici, più il problema sembra insormontabile e arriva a farmi identificare col problema stesso.

Dunque, che cosa faccio?

Evito qualsiasi discorso relativo al problema: non ne parlo con amici, con familiari, e con persone esterne alla relazione. Al contempo, ne parlo con il professionista con cui sto facendo il mio percorso di guarigione.

EMDR

Uno strumento basato su un approccio teorico completamente diverso, ma che è bene citare per completezza, è l'EMDR (Eye Movement Desensitization and

Reprocessing). Per spiegare di cosa si tratti, facciamo un passo indietro e definiamo il termine trauma.

Per trauma, intendiamo qualsiasi esperienza disturbante che provochi paura, impotenza, dissociazione, confusione o altri sentimenti di disturbo abbastanza intensi da avere un effetto negativo duraturo sugli atteggiamenti, sul comportamento e su altri aspetti del funzionamento di una persona. (APA)

Ma come si genera un trauma? Il cervello, per sua natura, tende ad elaborare le informazioni nel modo più funzionale possibile. Lo fa naturalmente: se accade un evento X, il cervello elabora X in modo che non causi alcun problema. È come se il cervello avesse una naturale capacità di guarigione e di auto-conservazione.

Ora, quando un soggetto vive esperienze traumatiche, può accadere che il cervello non sia in grado di elaborarle in modo tanto efficace.

Così, questi eventi possono causare tutto ciò che abbiamo visto finora: depressione, ansia, stress, e così via. Attraverso l'EMDR, lo psicologo può aiutare il paziente a processare l'evento.

EMDR significa: Eye Movement Desensitization and Reprocessing. Si tratta di un tipo di intervento che include stimolazioni bilaterali, tecniche di rilassamento e immaginative.

L'efficacia di questo tipo di terapia è comprovata a livello scientifico: la maggior parte dei pazienti, già dopo le prime sedute, è in grado di segnalare una forte riduzione dei disturbi emotivi. Ciò accade, in parte, anche grazie ai vari tipi di stimolazione utilizzati, che sono in grado di aiutare il cervello a rielaborare particolari eventi traumatici.

3.4 I pensieri ossessivi

In seguito al trauma, è possibile che si sviluppino dei quadri ossessivi.

Abbiamo infatti visto che i pensieri ossessivi possono essere un sintomo del Disturbo Post Traumatico da Stress. Si tratta di pensieri, ricorrenti e intrusivi, che riguardano l'evento traumatico e che sorgono indipendentemente dalla volontà dell'individuo.

I pensieri ossessivi sono pensieri intrusivi che causano un profondo senso di disagio nella persona che li sperimenta. Nel caso del trauma, questi riguardano l'evento traumatico e le situazioni ad esso connesse.

Ad esempio, una persona che ha subito un tradimento, potrebbe avere pensieri intrusivi riguardanti scene d'intimità, ma anche riguardanti cose apparentemente senza importanza: l'ora in cui il partner usciva di casa, dov'era stato quel lunedì di due mesi fa, ecc. Altrimenti, potrebbe avere dubbi riguardo alle motivazioni: perché il partner ha fatto questo? Perché quel giorno si trovava lì?

Nel mio lavoro, mi trovo spesso anche a interfacciarmi con persone che non riescono ad avere un ricordo neutro dell'ex-amante. In questo caso, i pensieri appaiono generalmente sotto forma di dubbio: "E se potessi riconquistarlo? Se avessi fatto in quell'altro modo? Se mi stessi perdendo la possibilità di essere davvero felice? È giusto stare con il mio partner, o dovrei stare con l'amante?".

Questi pensieri, sono molto dolorosi per diversi motivi:

- La persona con pensieri intrusivi, ha l'impressione di non riuscire a controllarli e di esserne vittima.
- I pensieri intrusivi, riguardano particolari dolorosi che vengono costantemente riportati all'attenzione della persona in questione.
- Talvolta, questi pensieri hanno la forma del "rimorso", e vanno a indagare ed elaborare degli scenari alternativi che sarebbero potuti essere.

Ora, questi pensieri non sono di per sé di natura patologica: è normale, dopo un'esperienza traumatica, sperimentare pensieri intrusivi e ricorrenti.

Questo è il caso di Francesca, paziente con cui ho lavorato qualche tempo fa.

"Vorrei non pensarci, ma questi pensieri continuano a venirmi in mente. Cerco di scacciarli, di controllarli, ma niente da fare. Mi fanno soffrire: continuo a rimuginare sulle stesse cose, a rivedere scene del passato... Non ce la faccio più: a volte vorrei solo spegnere il cervello e dormire".

Come si evince da questa breve descrizione, i pensieri intrusivi riguardano naturalmente anche i flashback. Non si tratta in quel caso di pensieri dalla natura verbale, ma dalla natura immaginifica: scene del passato che vengono a tormentarci e causano un profondo dolore.

Come dicevo, tali pensieri non sono indice di una patologia. Possono diventarlo quando, affrontati in senso disfunzionale, cominciano ad aumentare di grado e di intensità causando un disagio insopportabile alla persona che li sperimenta.

Mi spiego meglio: quando la persona vive un dubbio relativo al trauma, potrebbe cominciare a rimuginare sul dubbio al fine di venirne a capo. Nel breve termine, questa persona potrebbe sperimentare una sensazione di sollievo (come quella di essersi liberata del dubbio stesso), ma, nel lungo termine, il dubbio finirà per fortificarsi e per divenire ossessivo/intrusivo.

Anche in rapporto ai pensieri ossessivi, abbiamo dunque delle tentate soluzioni:

- Tentativo di controllo del pensiero intrusivo.
- Evitamento: del pensiero o delle situazioni che potrebbero scatenarlo.
- Approfondimento: tentativo di venire a capo del ricordo/dubbio/pensiero attraverso il rimuginare.
- Socializzazione del problema: parlarne con familiari e amici.

Come vedi, le tentate soluzioni sono sempre le stesse; a cambiare, è il modo in cui dobbiamo rapportarci a tali pensieri per imparare a gestirli e infine per liberarci di loro.

3.4.1 Gestire i pensieri ossessivi

Ricapitoliamo.

Quando viviamo un'esperienza traumatica, potremmo avere dei pensieri intrusivi riguardo ad essa. Questi pensieri, potrebbero ad esempio riguardare situazioni, immagini o motivazioni.

Per far fronte al dolore causato dal ricordo/pensiero, la persona tende generalmente ad approfondire il ricordo/pensiero per venirne a capo (tentata soluzione dell'approfondimento).

Altrimenti, potrebbe cercare di non pensarci per liberarsi del dolore emotivo (tentata soluzione dell'evitamento).

Entrambe le soluzioni, nel lungo termine, portano ad un aumento della costanza e dell'intensità del pensiero intrusivo. Quindi, che cosa deve fare una persona che vive questo problema?

+ Definire coerentemente il tema dei pensieri ossessivi.

Per imparare a gestire i pensieri ossessivi, dobbiamo prima saperli riconoscere non appena ci vengono in mente. Per aiutarti nel compito, puoi cercare di scrivere su un foglio il tema ricorrente dei tuoi pensieri ossessivi.

Quando uno di essi ti ti verrà in mente, saprai subito etichettarlo come un pensiero intrusivo.

C'è infatti una fondamentale differenza tra avere un pensiero ossessivo e rimuginare su un pensiero ossessivo:

- Nel primo caso, un pensiero/flashback/dubbio ci viene in mente. Possiamo scegliere se assecondarlo o lasciarlo andare.
- Nel secondo caso, cominciamo a riflettere attivamente sul pensiero/flashback/dubbio, finendo per fortificarlo.

+ Blocco della risposta. Molti pensieri ossessivi, possono riguardare dubbi a cui si tenta di rispondere approfondendo il pensiero ossessivo. Ad esempio: "Se avessi fatto in quest'altro modo? Perché l'ha fatto? Eccetera".

Quando ci poniamo queste domande, non siamo ancora entrati nel patologico. Piuttosto, è quando tentiamo di fornire continuamente delle risposte, che finiamo per procurarci un'inutile sofferenza emotiva e psichica.

Più tento di rispondere a un dubbio ossessivo, più esso diventerà costante e tornerà a tormentarmi. Tentando di rispondere, ho l'impressione di vivere un sollievo nel breve periodo, ma invece mi costringo a vivere una sofferenza profonda nel lungo termine.

Il blocco della risposta vuole far fronte a questa soluzione disfunzionale: ogni volta che ho un dubbio ossessivo, non cerco di inibire la domanda, ma di inibire il tentativo di risposta.

- Accolgo il pensiero ossessivo, senza respingerlo.
- Mi dico: "A questo dubbio non c'è risposta. Inutile approfondire, anzi: più cerco di trovare una risposta, più renderò potente la domanda".

A lungo andare, il dubbio finirà per diventare sempre meno fastidioso. Non è detto che sparirà del tutto - l'obiettivo non è questo, ma fare in modo che non sia così turbante.

+ Dal perché al come. Molti pensieri ossessivi riguardano le motivazioni. "Perché mi ha tradito? Perché ha fatto questo o quest'altro?".

Il tentativo di rispondere ai perché, generalmente, causa profondo disagio emotivo rafforzando il pensiero intrusivo. Si tratta quindi di trasformare il perché in come.

Il "come" implica infatti un pensiero reattivo e una ricerca delle soluzioni. Il perché, invece, indica una possibilità di cominciare a rimuginare.

"Perché mi ha tradito?" deve allora diventare: "Come possiamo riparare? Come possiamo far sì che il tradimento non si ripeta?".

- Consapevolezza. Prendere consapevolezza del tema dei pensieri ossessivi è necessario. Ma è necessario anche assumere un'altra forma di consapevolezza: "Rimuginare porta uno pseudo-sollievo nel breve periodo, ma profondo disagio nel lungo periodo".

Sapendo individuare il tema ossessivo, e conoscendo la tecnica di inibizione della risposta, cercheremo dunque di liberarci del dolore causato dal pensiero intrusivo.

Esiste, inoltre, una tecnica che ti consentirà di gestire i pensieri ossessivi attraverso una tecnica paradossale. Si chiama "prescrizione del sintomo".

Invece che lasciarti dominare dai pensieri ossessivi, usa un tempo (quindici minuti) per concentrarti unicamente su questi pensieri, invitandoli invece che respingendoli.

Al termine del tempo che ti sei dato, dedicati subito ad un'altra attività. Il fatto di aver concentrato la tua attenzione, ti aiuterà a sentirti più libero e meno legato ai pensieri intrusivi.

Un fattore di grande importanza da sottolineare, è l'obiettivo da porsi. Mi piace dire ai pazienti che non devono porsi come obiettivo il fatto che i pensieri spariscano del tutto. Al contrario, che questi pensieri diventino ignorabili (o quasi). Spesso suggerisco quest'immagine: "Pensa di esserti fratturato un braccio. La frattura, una volta consolidata, non farà più male. Eppure, di tanto in tanto, magari quando cambia il tempo, sentirai un po' di dolore. Quel dolore, non è insopportabile, ma è qualcosa che ti ricorda un evento spiacevole. Eppure, riesci tranquillamente a conviverci, ad accettarlo, a non sentirlo come un problema. La stessa cosa, con i pensieri ossessivi".

Ricordare questo è davvero importante, perché è una tipica tendenza ossessiva quella di verificare se sia ancora o meno presente un determinato sintomo. Ovviamente, più cerco di verificare se un pensiero è presente, più inviterò quel pensiero, alimentando un circolo vizioso da cui diventa sempre più complesso uscire.

3.5 Verso l'epilogo.

A questo punto, abbiamo affrontato tutti i temi fondamentali. Questi formano un continuum:

- Si verificano le premesse del tradimento.
- Uno dei due partner giunge alla trasgressione e al tradimento.
- Il tradimento viene scoperto.
- I partner reagiscono in modo diverso e doloroso al tradimento.
- Il partner tradito deve cominciare ad elaborare il trauma e a gestire i pensieri ossessivi.
- Il partner traditore deve rivelarsi trasparente e dialogare con il partner tradito.
- I partner devono poi fare una scelta: vogliono rimettere in piedi la relazione o vogliono chiuderla per sempre?

Se scelgono di rimettere in piedi la propria relazione, devono iniziare il lavoro pratico che permetterà la trasformazione di un tradimento, in un'opportunità di crescita e miglioramento reciproco.

Conclusione

di Maurizio Iengo

Quando io e Marco abbiamo scelto di scrivere questo libro – in quanto psicologi di coppia – abbiamo pensato a lungo ai temi e ai personaggi che lo avrebbero popolato. Abbiamo pensato alle sensazioni e ai resoconti che più di sovente ci vengono riferiti dai nostri pazienti.

"Il mio partner mi ha tradito, sento che non riuscirò mai più a dargli fiducia".

"Ho tradito il mio partner, mi sento davvero un mostro".

E ancora: "Ho provato a dimenticare tutto, ma continuo a vedere i flashback di quel giorno". "Vorrei solamente tornare indietro. Tornare indietro ed essere un buon partner".

A partire da queste sensazioni, e da questi resoconti, abbiamo tentato di scrivere un volume che potesse essere esaustivo e insieme utile per tutti quelli che stanno vivendo una crisi di coppia seguita a un tradimento. Inoltre, grazie alle cornici teoriche e alle citazioni bibliografiche, speriamo di poter dare una buona infarinatura iniziale ai colleghi che si approcciano a questo argomento per la prima volta.

Per riuscire nel nostro intento, ci siamo prefissati degli obiettivi ben definiti: dapprima rispondere alle questioni che più frequentemente ci vengono poste dai nostri pazienti, e, in seguito, fornire un manuale di istruzioni che possa aiutare nel concreto chiunque stia vivendo un tale momento di difficoltà.

Cominciamo dunque dalle questioni:

1) Che cos'è il tradimento?

2) Perché si tradisce?

3) Si può davvero ricominciare a fidarsi?

Queste sono, grossomodo, le domande che ci vengono poste durante i primi incontri dai nostri pazienti. Si tratta di domande a prima vista banali, a cui però risulta fondamentale rispondere se si vuole cominciare un percorso di guarigione.

Per superare un tradimento – per quanto ciò possa essere doloroso – il giusto approccio è guardarlo bene in faccia. Questo, possiamo dire, è il primo passo che facciamo compiere alle coppie che chiedono la nostra consulenza.

Bada bene: sono tante le coppie la cui relazione non solo non si è incrinata in seguito al tradimento, ma che anzi si è fortificata trovando basi più solide e profonde. Con questo non intendiamo dire che il tradimento sia un'esperienza positiva, ma che sia un'esperienza comune che non dovrebbe sorprenderci più di tanto. Certo è, che rappresenta anche un campanello d'allarme.

Quando vengo tradito, e vengo colto così tanto di sorpresa da rifiutarmi di accettare questa possibilità, devo allora domandarmi:

- Ho forse idealizzato il mio partner, non ritenendolo capace di un gesto umano e in fin dei conti molto comune?

Oppure:

- Ho forse dato per scontato la mia relazione, cercando altrove ciò che dovevo sforzarmi di creare con il mio partner?

La nostra reazione al tradimento – quando attiva un circolo vizioso disfunzionale – è un campanello d'allarme: forse dovremmo impegnarci a modificare la nostra visione della relazione. Non solo: ci dice che la nostra visione dell'amore ha bisogno di essere ristrutturata, così da fornire un maggior senso di benessere e un minor grado di frustrazione di fronte alle difficoltà.

Ma ci dice anche che è sempre possibile ricominciare di nuovo: perché avresti letto questo volume se non avessi un reale interesse nei confronti della tua relazione e del tuo partner? Ed ecco le domande che, in questo senso, ci vengono poste più spesso dai nostri pazienti:

1) Cosa deve fare il traditore?
2) Cosa deve fare il tradito?
3) Come può, il tradito, elaborare il trauma?
4) Esistono degli esercizi di coppia utili a questi scopi?

Tutte queste domande presuppongono in realtà una risposta fondamentale, che noi chiediamo di formulare a molti dei nostri pazienti.

"Hai davvero il desiderio di ricostruire la tua relazione?".

Se la risposta è sì, non c'è alcuna ragione di credere che un tradimento debba segnare la fine di una storia d'amore.

Se la risposta è no allora, forse, la storia era destinata a terminare ancora prima che avvenisse il tradimento.

Quando lavoriamo, siamo soliti farlo sia con la coppia che con sedute individuali. Abbiamo allora tentato di mantenere viva questa modalità anche in questo testo. L'impostazione generale del volume è quella di accompagnare il lettore verso una comprensione più profonda del tradimento, e, in seguito, di fornire esercizi pratici per la gestione della sofferenza e la ricostruzione della stabilità e della fiducia nella coppia.

Speriamo che l'intento principale del volume sia stato rispettato, e che la lettura si sia rivelata utile per tutti coloro che stiano attraversando una fase di crisi e di difficoltà.

Per ulteriori informazioni, ti invito a contattarci sui nostri rispettivi siti web:

https://www.psicohelp.it/

https://www.maurizioiengo.it/

Bibliografia

1. Apostolou, M., Constantinou, C., & Zalaf, A. (2022). How people react to their Partners' infidelity: An explorative study. Personal relationships. Wiley. https://doi.org/10.1111/pere.12457

2. Apostolou, M., & Panayiotou, R. (2019). The reasons that prevent people from cheating on their partners: An evolutionary account of the propensity not to cheat. Personality and Individual Differences, 146, 34–40. https://doi.org/10.1016/j.paid.2019.03.041

3. Cagnoni, F., & Milanese, R. (2009). Cambiare il passato. Superare le esperienze traumatiche con la terapia strategica. Ponte alle Grazie.

4. Davoodvandi, M., Navabi Nejad, S., & Farzad, V. (2018). Examining the effectiveness of Gottman couple therapy on improving marital adjustment and couples' intimacy. Iranian Journal of Psychiatry, 13(2), 135-141. PMID: 29997659; PMCID: PMC6037577.

5. Garcia, J. R., MacKillop, J., Aller, E. L., Merriwether, A. M., Wilson, D. S., & Lum, J. K. (2010). Associations between

dopamine D4 receptor gene variation with both infidelity and sexual promiscuity. PLoS One, 5(11), e14162. doi: 10.1371/journal.pone.0014162. PMID: 21152404; PMCID: PMC2994774.

6. Mauldin, G. R., & Hildreth, G. J. (1997). A model for counseling couples who have had an extramarital affair. TCA Journal, 25(2), 58-67. DOI: 10.1080/15564223.1997.12034504

7. Gottman, J. M., & Levenson, R. W. (1992). Marital processes predictive of later dissolution: Behavior, physiology, and health. Journal of Personality and Social Psychology, 63(2), 221–233. https://doi.org/10.1037/0022-3514.63.2.221

8. Gottman, J., & Gottman, J. (2017). The natural principles of love. Journal of Family Theory & Review, 9(1), 7–26.

9. Harasymchuk, C., Walker, D. L., Muise, A., & Impett, E. A. (2021). Planning date nights that promote closeness: The roles of relationship goals and self-expansion. Journal of Social and Personal Relationships, 38(5), 1692-1709. https://doi.org/10.1177/02654075211000436

10. Hoff, C. C., & Beougher, S. C. (2010). Sexual agreements among gay male couples. Archives of sexual behavior, 39(3), 774-787.

11. LaSala, M. C. (2004). Extradyadic sex and gay male couples: Comparing monogamous and nonmonogamous relationships. Families in Society, 85(3), 405-412.

12. Nguyen, T. P., Karney, B. R., & Bradbury, T. N. (2020). When poor communication does and does not matter: The

moderating role of stress. Journal of Family Psychology, 34(6), 676-686. https://doi.org/10.1037/fam0000643

13. Onojighofia, T. (2020). The importance of touch in healing from infidelity: A theoretical perspective. Frontiers in Psychology, 11, 1046. https://doi.org/10.3389/fpsyg.2020.01046

14. Parsons, J. T., Starks, T. J., DuBois, S., Grov, C., & Golub, S. A. (2013). Alternatives to monogamy among gay male couples in a community survey: Implications for mental health and sexual risk. Archives of sexual behavior, 42(2), 303-312.

15. Rachman, S. (2010). Betrayal: A psychological analysis. Behaviour Research and Therapy, 48(4), 304-311. https://doi.org/10.1016/j.brat.2009.12.002

16. Recchia, F., Leung, C. K., Chin, E. C., et al. (2022). Comparative effectiveness of exercise, antidepressants, and their combination in treating non-severe depression: A systematic review and network meta-analysis of randomized controlled trials. British Journal of Sports Medicine, 56, 1375-1380. https://doi.org/10.1136/bjsports-2020-103732

17. Rachman, S. (2010). Betrayal: A psychological analysis. Behaviour Research and Therapy, 48(4), 304-311. https://doi.org/10.1016/j.brat.2009.12.002

18. Selterman, D., Garcia, J. R., & Tsapelas, I. (2019). Motivations for extradyadic infidelity revisited. Journal of Sex Research, 56(3), 273-286. https://doi.org/10.1080/00224499.2017.1393494

19. Selterman, D., Garcia, J. R., & Tsapelas, I. (2021). What do people do, say, and feel when they have affairs? Associations between extradyadic infidelity motives with behavioral, emotional, and sexual outcomes. Journal of Sex & Marital Therapy, 47(3), 250-263. https://doi.org/10.1080/0092623X.2020.1856987

20. Ruiz-Palomino, S., Ballester-Arnal, R., Giménez-García, C., & Gil-Llario, M. D. (2021). Influence of beliefs about romantic love on the justification of abusive behaviors among early adolescents. Journal of Adolescence, 92, 126-136. https://doi.org/10.1016/j.adolescence.2021.05.002

21. Winek, J. L., & Craven, P. A. (2003). Healing rituals for couples recovering from adultery. Contemporary Family Therapy, 25, 249-266. https://doi.org/10.1023/A:1025010208472

Printed in Poland
by Amazon Fulfillment
Poland Sp. z o.o., Wrocław

34678267R00112